菱木政晴

平和と平等の浄土論

真宗伝統教学再考

白澤社

序

本書は二部構成になっている。

第一部は、第二部における議論の前提となる真宗教学の基本構造についての説明に費やされている。だから、真宗教学なるものに一定の知識を有している読者は第二部から読んでいただいてもよいのだが、できれば第一部を先に読んでいただきたい。

第二部は、真宗教学上の「仏身論」と「往還二回向論《おうげんにえこうろん》」についての解釈を示す。それは、近代以降、どちらかと言えば煩瑣で権威的な教学として見捨てられてきた伝統教学の再評価を促すものとして書かれている。その意義は本書全体から読み取っていただきたい。

このような構成をとった理由は、真宗教学なるものが現代社会の問題に取り組むことにどのようにかかわるのか、そもそもそれは現代社会の問題にかかわりがあるのかということをはっきりさせるためである。

第一部は、単に真宗教学なるものの基本構造を説明するためだけでなく、それが現代社会の問題とどうかかわるかを意識して書かれている。その糸口として私が注目するのはこれまであまりよく知られてこなかった二人の「思想家」である。一人は、高木顕明《たかぎけんみょう》（一八六四 - 一九一四）、もう一人は香月院深励《こうがついんじんれい》（一七四九 - 一八一七）である。

後者に注目する理由は第二部第三章で詳しく述べることとして、まず顕明から話を始めようと思う。

一、高木顕明の非戦論

親鸞を宗祖とする真宗大谷派の僧侶に高木顕明という人がいた。明治天皇の暗殺を企てたという思想弾圧事件、いわゆる「大逆事件(1)」に連座し、一九一一年、死刑判決を受けたあと、天皇の「恩赦」によって無期刑に減刑されたが、一九一四年六月二四日、秋田監獄で死亡した。事件の尋問調書類が残されており、その中に顕明が記したという「余が社会主義」という四千字程度の論文がある。冒頭に、「明治三十七年（四字ないし五字不明）此の草稿を成就せり」と記されているから、書かれたのは、日露戦争の開戦の年、一九〇四年ということになる。執筆時を記載したと思われるこの冒頭の一文を含めて、尋問担当者が押収物から書写したものが残るのみで、顕明の自筆は発見されていないし、事件前後にどこかに発表されたものでもない。

私は先に拙著『極楽の人数《にんじゅ》——高木顕明『余が社会主義』を読む』（白澤社、二〇一二年）においてこの「余が社会主義」を評価し、それが優れた親鸞思想の要約でもあることを明らかにした。

顕明は「余が社会主義」で、自分が非戦論者である理由を「戦争は極楽の分人《ぶんにん》の成すことでない」からだとしている。つまり、彼は自分が極楽の分人・極楽の人数であると言っているのである。「極楽の分人・極楽の人数」というのは真宗教学の専門語を使うと「大乗正定聚《だいじょうしょうじょうじゅ》」と言うが、その資格は「南無阿弥陀仏を唱える」(2)ということに尽きる。

また、顕明は「極楽」について「弥陀と違はん通力を得て、……他方国土へ飛び出して有縁々々の衆生を済度するに間隙のない身となる」から極楽というのだとも言っている。つまり、極楽とは死後に生前の苦労をいやす褒美としてゆっくりと休むところではなく、他方国土（極楽から見て「他方」だから、この穢土を当然含む）へ飛び出して非戦論者として生きる根拠地なのだと言っている。このように、極楽に往生し已《おわ》ってふたたび穢土に還ってくることを教学の用語を使うと「還《げん》相《そう》」と言う。ちなみに、極楽へ往生することは「往相《おうそう》」と言う。そして顕明をはじめとする私たち普通の人間が極楽に往生し、また極楽からこの穢土に還来《げんらい》することができるのは阿弥陀如来（法蔵菩薩）の本願力回向《ほんがんりきえこう》によるのだとされている。

このことは、親鸞の主著『教行信証』を貫く経糸として『教巻』の冒頭に「謹んで浄土真宗を案ずるに、二種の回向あり。一つには往相、二つには還相なり」と書かれていることからもわかる。すなわち、往還二回向は浄土真宗の根幹なのである。

本書は、高木顕明の「余が社会主義」の真宗教学の背景について、前著『極楽の人数』での説明より一段と踏み込んで考察するために書かれた。「余が社会主義」は、「社会主義」と称しているが、一見すると親鸞の思想・信仰の核心を要領よくまとめたもので「余が親鸞理解」と名付けられてもよいものである。私は、顕明の親鸞理解は極めて正当なものであると思うし、それを前著『極楽の人数』において説明しようと努めた。ところが、顕明の親鸞理解は現在の「真宗学」オーソドクスとは必ずしも整合していないもので、むしろ近現代の主流からは見捨てられた近世伝統教学に基づいている。

そこで、第一部第一章では、浄土真宗の根幹である「往還二回向」と、その概念が出てくる『浄土論』の注釈書『浄土論註』について、第二章では、伝統教学の大家であった香月院深励による講義録『註論講苑《ちゅうろんこうえん》』から『論註』についての説明を紹介する。

二、近世伝統教学のプラグマティズム

第二部では、真宗教学上の「仏身論」と「往還二回向論」について論じているが、第二部のタイトルを「真宗伝統教学再考――プラグマティズムとしての仏身・仏土論」としたことについて、あらかじめ若干の説明をしておきたい。

プラグマティズムとは、二〇世紀初頭にアメリカで成立・普及した哲学であり、古めかしい装いを持つ「形而上学」や「神学」から解き放たれた若々しいアメリカ市民の中で生まれた哲学運動で

である。プラグマティズムは、宗教的な問題、たとえば、神の存在の有無というような問題について、それを観念論的に論ずるのでもなく、科学的実証主義や集合論のような超越的な数学理論によって論ずるのでもない。単に、生活のうえでの有用性、思想の道具としての有用性から論ずるのである。プラグマティズムの中心を担ったウィリアム・ジェイムズ（一八四二‐一九一〇）には、そのものずばりの『プラグマティズム』（原著一九〇七年、桝田啓三郎訳・岩波文庫、一九五七年）という著作もある。ジェイムズは、古来哲学者が最も大切にしてきた「真理」についてつぎのように言う。

もし神学上の諸観念が具体的生命にとって価値を有することが事実において明らかであるならば、それらの観念はそのかぎりにおいて善である。そしてかかる意味で、プラグマティズムにとって真であるであろう。なぜなら、その観念がそれ以上にどれだけ真であるかということは、等しく承認されねばならない他のもろもろの真理との関係にもっぱら依存するであろうから。（『プラグマティズム』岩波文庫版、八〇頁）

もしわれわれがそう生きるに越したことのないようなよき生活というものがあるとすれば、そしてもしそれを信じるとそういう生活を送るのに役立ってくれるような観念があるとしたならば、その観念を信じるということは、その信仰がたまたま他のいっそう大きい、われわれの死活を決するような利害と衝突するような場合を除いては、まことにわれわれにとってよりよ

いであろう。（同、八四頁）

ジェイムズがここで述べている「真理」は、「真・善・美」における「真」を「善」や「美」の領域からの有効性・有用性に還元してしまっているので、伝統的な立場から言えば「真理」についての言説とは言えないものである。そのため、こうしたプラグマティストの宗教に対する態度は、固い頭の（信心深い）一部の人たちにとっては、至高の存在者、大文字の「神（God）」に対する冒涜だともとらえられたのであるが、ジェイムズはこうも言う。それは「神の仮説（the hypothesis of God）」という概念である。

プラグマティズム的原理に立つと、神の仮説は、それがその語の最も広い意味で満足に働くならば、真なのである。（岩波文庫版、二九九頁）

ジェイムズが「神が働く」と言っている領域は、「真理」そのものにかかわる真偽の領域ではなく善悪や美醜にかかわる生き方の決断の領域である。この二つの領域について、彼は『宗教的経験の諸相』（原著一九〇一 - 一九〇二年、桝田啓三郎訳・岩波文庫、一九六九年）の中で「存在判断、あるいは、存在命題（an existential judgment or proposition）」と「価値命題（a proposition of value）」と名付けている。前者が哲学的な、あるいは、「形而上学的」な領域であり、後者が生き方の決断の領域である。そして「どちらの判断も、一方から他方を直接に演繹してくることはできない。両者はそれぞれ異なる知的活動に由来するものであり、精神は、はじめ両者を分離しておいて、その後で両者を加え合わせるという方法によってはじめて、両者を結合するのである」（岩波文庫版上巻、一七頁）と述べている。

私は、ジェイムズが示したこのような態度は法然や親鸞に近いと考え、そのことを、「仏身・仏土論」、すなわち、「阿弥陀如来とは何か」「極楽浄土とは何か」という領域で説明しようと試みた。このような意味で、第二部全体を「真宗伝統教学再考――プラグマティズムとしての仏身・仏土論」と名付けることにした次第である。

阿弥陀如来とか極楽浄土というものは、「空」だとか「無為涅槃」だとかを根本とする仏教にとっては、そもそも、ジェイムズが言うところの「存在命題」として異質なものである。空間的（西方十万億土の彼方）、あるいは、時間的（死後、あるいは、来世）に実体化されてあるとされる極楽浄土やそこの主である阿弥陀如来などというものは、ジェイムズが言うように、生活のうえでの有用性、思想の道具としての有用性があればそれで十分なものである。それらが真に存在するのかとか、それらの本質は「空」であるのかというような「形而上学的な問い」「存在命題」は、平和と平等を目指すための「有用性」と結合できなければ、単なる趣味、それも多くの場合悪趣味でしかない。生活の中で有効に働く仏教的真理は、冷たい真理ではなく、生き生きとした（ということは、一定程度実体化された）イメージが不可欠なのである。

仏教のように当初から存在したものであるにせよ、キリスト教のように素朴な宗教から思弁（speculation）・探求（seeking）されたものであるにせよ、形而上学的問いという、ある意味でうっとうしく仰々しい議論について、そもそもまったく異なる爽やかで軽やかな対応をした思想家の一人がジェイムズであり、もう一人が法然なのだと私は思うのである。

法然の浄土教は、仏教が本来その目的としたはずの「平和」と「平等」を、この苦悩の現実社会の中で、もう少し平たく言えば、実生活の中で有効に働くように、誰でも簡単にできる称名念仏という行為を中心に据えることによって、真に有用・有効なものとして再構築されたものである。法然を継承した親鸞の仕事は、法然のプラグマティックなアプローチを、伝統的な「空」や「無」の思想と矛盾なく「組み合わせる」という役割を担ったという一面を有する。ただし、それはあくまでも「一面」なのであって、法然のプラグマティズムを再びうっとうしい仏教形而上学に戻したのではない。だから、親鸞の理論を読み解くには、法然のプラグマティズムとの一貫性を忘れないことが大切なのである。

第二部第三章の「真宗伝統教学再考」は、一定程度実体化された極楽浄土を起点として私たちが平和と平等の実現のために往復するという「往還二回向」をテーマとしている。

第四、第五章は、「空」や「無為涅槃」を象徴するために手立て（方便）として建てられた（仮設された）に過ぎない方便法身《ほうべんほっしん》阿弥陀如来とは何なのかを論じる「仏身論」をテーマとしている。仏教的真理それ自体の領域に属する「空」とか「無為涅槃」、すなわち、「法性法身《ほっしょうほっしん》」は実生活上にはほとんど有用でも有効でもない。方便法身阿弥陀如来が念仏を称える者を残らず極楽に迎え取るという約束を信じて、念仏申すことを中核とする爽やかな仏教は、こうして成立したのである。

ここ数年の私の最高の喜びは、浄土教以外のあらゆる仏教において至高・至上のものとされる法性法身に重点を置かない爽やかな真宗教学が、形而上学的説明に長けた「非神話化」の近代教学ではなくて、封建教学と蔑まれてもいた江戸伝統教学にしっかりと残っていたことを発見したことである。

先に述べたように、私は顕明の「余が社会主義」の社会主義としての素晴らしさと共にその親鸞理解についての正当性についても、より踏み込んだ考察が必要であると思い、本書を世に問うことにした。親鸞の思想の中で重要な要素であるところの「往還二回向論」と「仏身論」についての解釈の歴史を批判的に考察するものになっていると思うのだが、もちろんその成否の判断は読者に委ねられねばならない。

〈注〉

（1）戦前の刑法には、天皇皇后や皇太子などに「危害ヲ加ヘ又ハ加ヘントシタル者」を死刑に処するという、いわゆる「大逆罪」の条項があった。ここに言う「大逆事件」とは、天皇制国家がこの罪科を不当に適用して、平等と非戦を主張した幸徳秋水や大石誠之助らの社会主義者たちを弾圧し刑死させた事件のことである。一九一〇年に二六名が逮捕され、翌一九一一年に二四名が「大逆罪（＝死刑）」の判決を受けた。逮捕者には、非戦平等の思想という共通性があったが、天皇制それ自体に明瞭に反対するという姿勢さえ明白ではない。これは思想弾圧事件であったというのが、現在の通説である。ただし、戦後の司法もこれを正さなかった。高木顕明は、この二四名の死刑囚のうち、天皇の「恩赦」というパフォーマンスによって無期懲役刑に減刑された一二名の一人である。

（2）「唱える」は本来「称える」だが、「余が社会主義」として遺された顕明の絶筆書写に倣って「唱える」を使用した。称名の第一義は「声に出して無量寿仏の名を唱える」ことなので、これで問題はないと思う。称名の「称」の字義についてもいろいろ問題はあるが、その第一義が「声に出して称えること」であることは疑いがない。親鸞は『教行信証・行巻』の『浄土論註』の讃嘆門の引用（大谷派『聖典』、一六九頁）の際に付された上欄注に『説文解字』という辞書を引用して「称」に「軽重を知る」や「はかる」の意味があることを記している。だからといって、称名とは単に声に出すことではなくて、弥陀如来の本質（法性法身）に「かなう」ことだとする意義はない。声に出す念仏が何ゆえ本願正定業であるのかの理由は、法然の『選択集』第三本願章に疑問の余地なく明らかにされている。そこには、「法性にかなう」などの神秘的要素はまったくない。これらの問題は、仏身に関する議論として本書第二部の第四章、第五章で詳しく扱う。

平和と平等の浄土論——真宗伝統教学再考◎目次

カバー・本扉画像＝上：香月院深励似影（永臨寺＝蔵、画像提供＝松金直美）
下：高木顕明［写真］（浜野重治氏＝蔵、提供＝真宗大谷派）

第一部　親鸞教学の骨格としての『浄土論註』

第一章　高木顕明の非戦論の真宗教学的背景

一、親鸞思想の骨格「往還二回向」

高木顕明の「余が社会主義」の骨格となっている概念の一つは「往還《おうげん》二回向」である。「余が社会主義」は親鸞の思想と信仰に基づいて書かれているので、親鸞思想の骨格である往還二回向が「余が社会主義」においても当然中核となっている。

往還二回向という概念（用語）は六世紀の中国の仏教思想家・曇鸞《どんらん》（四七六‐五四二）が、五世紀のインドの仏教思想家・天親[1]（vasubandhu）の著作『浄土論』（の菩提留支《ぼだいるし》による六世紀初めの漢訳）につけた注釈書『浄土論註』に出てくる言葉である。『浄土論』自体には「往相還相」という言葉は登場しないが、浄土を起点とした往還と似た概念が「入出」[2]という言葉で表されている。ただし、天親の「入出」は必ずしも浄土を起点として述べられているわけではないし、入出が登場するのは解義分《げぎぶん》最終の利行満足章[3]の五果門の箇所である。しかし、曇鸞の「往還」という概念は明瞭に浄土（彼土）を起点としている。曇鸞は天親の「入出」という概念がまだ登場していない起観生信章の「五念門を出す」という箇所で「門」という語について入出という概念を使った註を施し、その中の（天親ではなく）自らが「出」とした回向門の部分の注釈に「往還」を登場させている。だから、入と往相、出と還相がそのまま対応するわけではない。

さらに問題を複雑にしているのが、親鸞が強調する「本願力回向」という概念である。往還するのは私たち普通の凡夫であるが、そうさせる（回向する）のは私たち凡夫ではなく方便法身阿弥陀如来である。(4) だから、浄土真宗の根幹「往還二回向」を統一的に理解するのはかなり大変なのである。そこで、そもそも「回向」とは何かということについて親鸞の語録『歎異抄』を例に説明しておこうと思う。

「回向」とは何か――『歎異抄』を手掛かりにして

「回向」とはいったい何か。もともとの意味は「振り向ける」ということで、善男子・善女人、すなわち、衆生がさまざまな善行によって獲得した（積集《しゃくしゅう》した）功徳を何か別の目的に向けて使うということである。経典を読誦して得た能力を使って自らの覚りに使うとか、その呪力を亡くなった父母の供養に用いるというようなことである。ついでに言うと、この「供養」というのは「供物をささげること」だが、その「供物」に衣服や香・湯薬・油などの「物」だけでなく讃嘆や礼拝といった精神的なものも含まれる。このような「回向」が親鸞の教学においては、本願力回向として阿弥陀如来の本願によってもたらされる回向と説明される。つまり、回向という行為を行なう主体が善男子・善女人、すなわち、衆生から阿弥陀如来へと転換されているのである。そして、如来は回向によって衆生に何をもたらすかというと、衆生が極楽往生し極楽から還来《げんらい》して他の衆生を利益《りやく》する力をもたらすのである。だから、自分の極楽往生であれ、父母の極楽往生であれ、それをもたらすのは自分を含む衆生ではなく阿弥陀如来ということになる。

だから、親鸞は『歎異抄』第五章で「親鸞は父母の孝養のためとて、一辺にても念仏もうしたること、いまだそうらわず（私は、父母の孝養、つまり、いわゆる追善供養のために念仏申したことはいまだ一度もない）」と言うわけである。また、その理由として述べられるのが「わがちからにてはげむ善にてもそうらわばこそ、念仏を回向して、父母をもたすけそうらわめ（念仏が今自分の力で励む善根だというなら、それを振り向けて亡くなった父母を助けてさし上げることもあり得ようがそんなことはあり得ない）」である。その後にはこう続けられている。「ただ自力をすてて、いそぎ浄土のさとりをひらきなば、六道四生のあいだ、いずれの業苦にしずめりとも、神通方便をもって、まず有縁を度すべきなり（自力〔聖道門＝難行＝此土入聖得果〕の道を捨て、すぐさま浄土のさとりを開いたならば、それら父母をはじめとした一切の生きとし生けるものが、六道・四生(5)といったどのような状態で苦しんでいても、弥陀仏と変わらぬ神通方便を以て、有縁々々のものを済度すべきである）」。ここに言う

「浄土のさとり」とは、この世で心を静めて精神集中し無念無想の仏道を観じてさとりを得る自力聖道門とは異なるところの、弥陀の本願によって用意された極楽浄土に往生してその環境の中で自然に身に着くさとりのことである。「心を静めて精神集中すること」を「奢摩他《しゃまた》（「止」と翻訳される）」と言い、「無念無想の仏道を観じること」を「毘婆舎那《びばしゃな》（「観」）」と言い、二つ合わせて「止観」と熟語されて最高の善根とされる。これが達成できれば自らのさとりはもちろん父母の孝養も当然可能になる。ところが、これを親鸞は「わがちからにてはげむ善」ではなく如来から回向される（振り向けられる）ものだと言うのである。

ここで「いそぎ浄土のさとりをひらきなば」にある「いそぎ」が何を意味するのかが気になることである。このことについては、同じく『歎異抄』第四章にある「浄土の慈悲というは、念仏して、いそぎ仏になりて、大慈大悲心をもって、おもうがごとく衆生を利益するをいうべきなり（浄土の慈悲とは、念仏していそぎ仏に成って自利利他円満な大慈悲の心によって思うままにすべての衆生に利益《りやく》を与えることだ）」という言葉が参考になる。この「いそぎ」も第五章と同じ意味だとすると、「死後に浄土に往生して仏に成る（さとりをひらく）」ことを意味すると理解するほかはないだろう。ことにこの第四章では「聖道の慈悲というは、ものをあわれみ、かなしみ、はぐくむなり。しかれども、おもうがごとくたすけとぐること、きわめてありがたし（聖道の慈悲とは、衆生を憐れみ、悲しみを共にし、大切にすることである。しかしながら、思い通りに最後まで助け遂げることは極めて難しい)」とされているし、そうした自力聖道門の慈悲について「今生に、いかに、いとおし不便とおもうとも、存知のごとくたすけがたければ、この慈悲始終なし(この世においてどんなに愛しくかわいそうだと思っても思うままに助けきることは難しいので、この慈悲は首尾一貫しない)」と言われているのだから「いそぎ浄土のさとりをひらくこと」「いそぎ仏となること」の「いそぎ」が死後のことととされていると理解するほかはない。しかし、死後の救いなどということという迷信じみたことではなく、今ここで問題を解決しなければならないじゃないか、そう思っていた私にとって、この第四、第五の章は長らく謎であった。いや、謎というよりは、『歎異抄』の中でダメなところだとさえ思っていた。これは、著者唯円が死後の極楽往生というような「迷信」に縛られて親鸞の思想を曲解したのだとさえ考えていたくらいである。

しかし、よくよく考えてみればそうではない。『歎異抄』第四章の結論は「しかれば、念仏もうすのみぞ、すえとおりたる大慈悲心にてそうろうべき(だから、念仏申すということこそが首尾一貫した慈悲心だということになる)」である。念仏申すのは私たち普通の衆生だが、慈悲に「大」がついた場合は、その慈悲を示すのは、阿弥陀如来そのものか衆生だとしても「いそぎ仏に成り」終わって弥陀と違わん通力を得た後の衆生である。ただ、この第四章の文脈で大慈悲心を発揮するのは阿弥陀如来ではなく(未来、あるいは、死後のことではあるけれど)われら衆生だということになるはずである。では、阿弥陀如来は何をしたのか。それは、この往生して仏に成って思うがごとく人びとを救いたいという決断を促したということになるのではないだろうか。すなわち、阿弥陀如来は生き方の向きを変える（回向する）促しをしたけれど、実際に極楽に往き、いそぎ仏に成ってこの世界に還って思うがごとく他の人びとを利益することになる、あるいは少なくともそういう生き方を決意したのは、弥陀ではなくわれら衆生である。そして、この決断は明らかに現在のことである。自分さえよければいいという思いの強いわれらが決意したことを後に回想すれば、弥陀に促されたとしか言いようがないが、それでも決意したのはわれら衆生である。これを、香月院は「往相還相は衆生にばかりあり、回向は如来にばかりあり」と言ったのだと思う。

二、『浄土論』と『浄土論註』

次に『浄土論』と『浄土論註』の関係の概略を説明しよう。

『浄土論』の正式な書名は『無《む》量《りょう》寿《じゅ》経《きょう》優《う》婆《ば》提《だい》舎《しゃ》願《がん》生《しょう》偈《げ》』であるが、「優婆提舎」とは upadesa の音訳で意訳するときは『論』と翻訳するのが普通である。だから、「無量寿経優婆提舎」は「無量寿経論」ということになる。つまり、『浄土論』は「無量寿経」という経典の論書、注釈書である。ただ、この「無量寿経」が特定の経典を指すのか、阿弥陀如来と極楽が登場するさまざまにある無量寿経典群を漠然と指すのかはわからないが、おそらくは後者だと思われる。また、「願生《がんしょう》偈《げ》」の「偈」とは、「偈頌《げじゅ》」すなわち韻文形式の宗教詩のことである。したがって、『浄土論』とは、無量寿経典群の注釈を偈文とその解説という形式で解釈した論書だということである。そして、『論註』はそのまた解釈書だから、解釈の流れは、

①「無量寿経典群」⇩②「世親（天親）による『願生偈』↓『長行《じょうごう》』」⇩③「曇鸞による『論註』」⇩④「親鸞による『教行信証』『入出二門偈』および『論註・加点本』などの解釈」

という流れになる。①②はインド、③は中国、④は日本での成立であるが、『浄土論』は世親の死後せいぜい五、六十年に菩提流支《ぼだいるし》が翻訳したという漢訳しか残っていない。サンスクリット原典もチベット語訳も見つかっていないのである。しかも、それについての注釈である③曇鸞の『論註』はこの「翻訳」直後、と言うより、ほぼ同時に登場する。曇鸞は当然漢文でものを書いているわけだから、③は漢文作品であるが、②もまた実際にあるのは漢文作品でしかない。実際、『論註』は『論』の全文を逐語引用した注釈書の体裁になっているので、現在の東西本願寺が出している『聖典』の『浄土論』も底本は『論註』として伝わっているものからの抜き書きで成立している。

『浄土論』の構造と大意

はじめに、『浄土論』の構造と大意を説明する。『浄土論』は五字四句を一行として二十四行連ね

た偈文《げもん》（『願生偈《がんしょうげ》』）とそれについての天親自身の解釈を述べた散文（「長行《じょうごう》」と称される）のふたつの部分からなっている。曇鸞は、前者の偈頌の部分を総説分《そうせつぶん》、後者を解義分《げぎぶん》と呼んでいる。

『願生偈』の大意は以下のごとくである。最初の二行「世尊我一心　帰命尽十方　無礙光如来　願生安楽国　我依修多羅　真実功徳相　説願偈総持　与仏教相応」は「お釈迦さま、私は一心に阿弥陀仏に帰依して極楽に往生することを願うという形をとって、お釈迦様の教えの真実功徳に依拠し、願偈を制作してお釈迦様の教えに相応したいと思います」という意味で、偈文の本編はまだ始まっていない。そのあと「観彼世界相　勝過三界道」から二十一行にわたって「彼の世界の相《すがた》」が、社会環境（器世間）と住人のようす（衆生世間）の両面から説かれる。そして最後の一行「我作論説偈　願見弥陀仏　普共諸衆生　往生安楽国」は「私はこのように論を作り偈を説いて阿弥陀仏を目の当たりにすることを示しました。皆さんも一緒にこの国に往こうではありませんか」という意味である。だからこの最後の一行も厳密に言えば偈の本編ではない。

そして解義分は「この願偈はなんの義をか明かす。かの安楽世界を観じて阿弥陀如来を見たてまつることを示現す。かの国に生ぜんと願ずるがゆゑなり（偈文を書いた意味は、彼土のようすを観じ阿弥陀仏を見たてまつることを示すことです。それは、彼土に往生を願うからです）」と偈文の大意をざっと述べた後「云何観云何生信心　若善男子善女人修五念門行成就畢竟得生安楽国土見彼阿弥陀仏」と始まるが、その意味はつぎのようなことになるだろう。「どのように観じどのように信心を生ずべきか。善男子・善女人は五念門の行を成就すれば必ず極楽に往生することができて阿弥陀仏を目の当たりにすることができる」。このあと、五念門の行とは「礼拝《らいはい》・讃嘆《さんだん》・作願《さがん》・観察《かんざつ》・回向《えこう》」の五種の行であることと、それぞれの行為様態、すなわち、「どのように礼拝するか」「どのように讃嘆するか」「どのように作願するか」「どのように観察するか」「どのように回向するか」がざっと述べられ、そのうえで改めて、「どのように（彼の仏国土の荘厳功徳を）観察するか」が詳しく説明される。説明の仕方は願生偈の句を天親が自ら引用して、「荘厳《しょうごん》○○功徳とは、偈に△△と言えるが故に」というスタイルである。△△の部分が偈の引用であり、○○の部分には偈文において具体的イメージで示されたものを概念的に説明するものになっている。たとえば、偈文第三行目（本編の一行目）の「観彼世界相勝過三界道」についてこれを「荘厳清浄功徳」と名付けるというスタイルである。つぎの如くである。

> 荘厳清浄功徳成就とは、偈に『観彼世界相　勝過三界道』と言えるがゆえに。荘厳量功徳成就とは、偈に『究竟如虚空　広大無辺際』と言えるがゆえに。

だから、解義分を読むと、最初の二行と最後の一行を除く中間の二十一行をもう一度読むことになる。天親が自らの偈文を直接に引用して自ら解釈を加えるのは、中間の二十一行だけである。ただし、解釈といってもそのほとんどは偈文に「荘厳○○功徳」と名付けるだけで、多少踏み込んだ解釈があるのは、「大義門《だいぎもん》功徳」「心業《しんごう》功徳」「不虚作住持《ふこさじゅうじ》功徳」の三句だけである（その構造が容易に見て取れるように私が制作したのが、巻末に載せた「『浄土論』偈文と長行の関係図」である）。

こうしてみると、『浄土論』とは、極楽浄土のようすと阿弥陀如来を観ずること、すなわち、『論』自体の言葉で言えば、「観察門」中心の書であり、『観経疏』の術語を使うならば、定善《じょうぜん》十三観の書だと理解するのが普通だということになる。ところが、『註』はそういう解釈をしていないようにも見える。たとえば、『註』は中間の二十一行を観察門を述べたものであるとしているが、初めの二行を単なる序分的なものとはみなさず、この中に「礼拝・讃嘆・作願」の三門を配置したり、最後の「さあ、みんなもこの頌《うた》を唱《うた》って極楽の人数になろう」という一行も単なるエンディングテーマとはせず第五門（回向門）を説いたものとするいささか強引な解釈をしている。すでに述べたように、日本ではもちろん、中国でも『論』と『註』は同時に世に現れ、同時に読まれたので、両者の違いにこれまであまり注目されていなかった。入出と往還の齟齬などが多少注目はされても結局は親鸞が言う「（曇鸞の）深義」を持ち出して「これは我々にはわからぬ宗祖の深い体験に根拠があるのだ」式の一種の説明放棄がなされてきたにすぎない。曇鸞の解釈はこの偈文全体の五念門配分を含めて、『論』についてのかなりユニークな解釈と言える。ただし、それが「ユニーク」だと知るには、『論』と『註』は一応別人が書いた別の思想書なのだということを忘れないようにしないといけない。

『浄土論註』の構造と概要

ではつぎに、『論註』の方はどういう構造をしているのかということを簡略に説明しようと思う。『論註』は『論』の全文を逐語引用した注釈書の体裁になっているが、書き出しの一句は『論』の第一句「世尊我一心……」ではなく曇鸞自身の『論』の解釈の方向性を述べる形になっている。それはつぎの五部分からなっている。

①龍樹の『十住毘婆沙論《じゅうじゅうびばしゃろん》』から「易行」の意義を述べ『浄土論』を基礎づける。②『浄土論』の正式名称「無量寿経優婆提舎願生偈」を「無量寿」「経」「優婆提舎」「願・生」「偈」の五語に区切って、前半三語「無量寿」「経」「優婆提舎」の意味を説明する。③『論』が偈文（願生偈）とその解説（解義）の二部分から成り立っていることを説明する。④題号、すなわち「無量寿経優婆提舎願生偈」の後半「願・生」「偈」の二語の意味、および天親が著者であること、すなわち「婆藪《ばす》槃頭菩薩造《ばんずぼさつぞう》」を「婆藪」「槃頭」「菩薩」「造」の四語に分けて説明する。⑤偈文全体を「五念門」に配当して説明する。

一読して奇妙に見えるのは、②と④は『論』のタイトルと著者の説明として連なっているのに、間に③の『論』の構造説明が挿入されていることである。また、最後⑤の偈文全体の五念門配当というのもすぐには何のことかはわかりにくいと思う。本書は、高木顕明の親鸞理解のルーツを探るために、江戸時代の真宗大谷派の学僧・香月院深励の注釈書『註論講苑』を基礎にしているので、このわかりにくさについてはこの後すぐに香月院の助けを借りて説明する。

ともあれ、『註』は、この五項目の説明が終わると、ようやく『論』の第一行（それは当然『願生偈』の第一行でもある）を引用して逐語的な解釈が加えられていく[6]。以下、偈文二十四行にほぼ逐語的に註釈が加えられて『註』の上巻が終わる。『註』下巻は、同じように『論』の長行、すなわち、解義分の散文を逐語引用して注釈が加えられる。ただし、先に『論』の構造で説明したように解義分においては偈文の最初の二行と最後の一行を除いた中間の二十一行について『論』自体が偈文を引用して解釈（解義）を加えているので、そこでは天親の解釈と曇鸞の註が二重になっている。

これで『論註』の構造の概略はお判りいただけたと思うが、逐語解釈の前の説明の順序や中に入ってからの複雑さについて、あらかじめ知っておくべきことを香月院の『註論講苑』がわかりやすく説明している。香月院の講義は、初めの数回は「文前玄義《もんぜんげんぎ》」といって、『論註』全体についての概略・問題点をあらかじめ述べるという形になっているので、次章でそれを紹介しよう。

〈注〉

（1）天親菩薩の生没年には諸説あったが、近年の研究において、紀元四〇〇〜四八〇年と推定されている。出身地はインド伝承では富婁沙富羅（プルシャプラ、現在のペシャワール）とされている。菩提留支による翻訳が五〇八年洛陽においてなされたことはかなり信憑性が高いので、『論』の制作と翻訳の時間差は以前の常識より短くなっている。曇鸞の『註』は彼の没年が五四二年とはっきりしているので、天親（世親）から曇鸞までの時代差もかなり近いということになる。『論註』が日本に伝わったのは、白鳳時代（六四五-七一〇）以前であると香月院が推定している（『講苑』四頁）。ただし、実際に注目されはじめるのは、永観（一〇三三-一一一一）の『往生拾因』からなので、親鸞の『論註』着目は突出していると言える。

（2）入出は必ずしも「浄土へ」の入出とは言えない。『論』においては入出いずれも浄土を起点としているとは書かれていない。『註』では、浄土へ「入る」という術語は登場するが、浄土から「出る」という表現は見当たらない。しかし、『註』独自の用語である往還は明瞭に浄土とこの娑婆世界との往還である。このこともまた読み進めるうちに次第に明らかになるだろう。

（3）ここに言う「解義分」とか「利行満足章」などの用語については、本章の後半で説明する。

（4）この「回向は如来が行ない、往還は衆生が行なう」というテーゼこそが『論・論註』ならびに親鸞の『教行信証』『入出二門偈頌』を一貫した形で読み解くための鍵である。このテーゼを肯定するにせよ否定するにせよ明確な論拠が必要となる。このテーゼを全否定して、すべては如来の行為で衆生は何もしないとするか、反対に仏教は自覚教なのだから阿弥陀や本願など必要ないと言い切れば筋は通るが、それでは『論』『論註』は読めない。とはいっても、このテーゼを肯定してもある種の二律背反は起こるのだが、このテーゼに反発するだけでは、二律背反どころかただの混乱しか起きない。だから、このテーゼを認めたうえで、それでも残る矛盾を整理することだけは必要となる。

（5）六道とは、地獄・餓鬼・畜生・阿修羅・人間・天のこと。四生は、胎・卵・湿・化のこと。衆生・有情の在り方のすべてを示す仏教上の概念。

（6）ここで「五項目の説明が終わると逐語的な解説が始まる」としたことは、実は必ずしも正確ではない。⑤の部分は偈文の初め二行を五念門の中の前三念門を含む二行として解説しようとする曇鸞が、そのために置いたものであり、初めの二行の（逐語的）解説の一部と考えるべきなのだが、あまりにも煩雑な解説となるので省略して、逐語的解説が始まる前の五項目の最後として説明した。

第二章　香月院『註論講苑』文前玄義の概要

『註論講苑』は、香月院深励の全盛期、すなわち、江戸実証教学の全盛期である文化四、五年（一八〇七、一八〇八年）に行なわれたものである。現在は『続真宗体系』第二、三巻に「註論講苑」として収録され、一九七三年に法蔵館から『論註講義』というタイトルでその復刻版が出版されている。『続真宗大系』に収められた時（一九三六年）にそれまでの刊本（どれだけのものがあったのか詳細はわからない）が深励の自坊の越前金津の永臨寺に残されていた自筆本によって校訂されている。なお、この自筆本は永臨寺より一九六三年に寄贈された深励の蔵書類と共に『香月院文庫』として現在大谷大学図書館に収蔵されている。香月院によって『論註』を読む理由については、本書の各章で適宜説明される。

まず、この講義が『註論講苑』と名付けられていることの意味であるが、講義の中で『浄土論』はもっぱら『論』とか『本論』と呼ばれているのに対して、『論註』は『註論』と呼ばれることも多い。「註論」という言い方は親鸞が『教行信証』の中で『論註』を引用する際にしばしば用いる呼び名である。一般に「論」というのはインドで制作された「経」についての龍樹・世親・馬鳴《めみょう》らの「菩薩」による論議を指す時に用いる言葉で『大智度論』だとか『中論』などが代表的である。中国で制作されたものの著者は菩薩の位ではないとみなされ、「論」とは呼ばず、「釈」だとか「註」「疏」などと呼ばれることが多いし、著者もそのように自称する。親鸞が『論註』を『註論』と呼ぶのは『論の註』を単に「註」ではなく「（菩薩による）論」の資格があるものとして扱おうとしているからである。

さて、香月院の文前玄義は二門に分けられている。曇鸞は『論』の長行を註するについて願偈大意から利行満足までの十門（十章）に分かつが、香月院はそれを『論註』を講義する際に踏襲する必要はないとしている。それは論註の本文の解釈としてやればよいので、論註自体の文前玄義としては二門で十分なのであるという。このことは何でもないことのようだが、それなりの意味がある。というのは、天親本人による『願生偈』の解釈（解義）である長行は章分けされているわけではない。章分け、すなわち「十門に分かつ」というのは曇鸞の解義分解釈なのである。『註』を読むときに大切なことのひとつは、『論』と『註』が別人の著作であることを忘れないということである。すでに述べたように両者がほぼ同時に六世紀の中国に登場したせいで、まるで一人の著者が書いたように扱われることもあり、それはそれとして大切なことであるが、別の著者の作品ということを忘れないことも大切である。また、ついでに言うと、『論註』という書物を本格的に自身の思想の骨格として採用したのは親鸞が最初である。ところが親鸞の論註理解は先に少し述べたように、これまた極めてユニークなものである。このユニークさをきちんと理解するには、『論』は『論』、『註』は『註』としてそれぞれの意味をきちんと読み取らねばならない。そのうえで親鸞の読み方を知るべきなのであって、親鸞の読みを安易に『論』『註』の「真意」なのだとしてはならない。その意味で、香月院が曇鸞の「長行を十門に分かつ」ことを（もちろん、下巻の解釈では取り上げられるのだが）文前玄義では最初からは取り上げないことに注意してもいいと思う。

さて、香月院の文前玄義の第一門は「本論註論の造由を述べる」、第二門は「本論註論の大意を弁ず」とされる。第一門は『浄土論（すなわち、本論）』の造由（論や釈が造られた経緯・理由）と『浄土論註（すなわち、註論）』の造由がそれぞれ延べられる。註論の造由で重要なのは、曇鸞が菩提留支（正信偈の表記では流支）から授かったのは『観経』なのになぜ『観経』の注釈ではなく浄土論の註を制作したのかという問題などが論じられている。この問題は『選択集』第一章の最後にある浄土の法門血脈相承の問題、すなわち、浄土教の思想展開の把握の問題と関係しているがここでは詳しくは述べない。

第二門は本論と註論の「大意」をあらかじめ述べるということである。香月院は言う。「経論の文を解するに、最初から文ばかりを解しては一部へ貫通する大理があらはれぬ。また文を釈しながら玄義を談ずる時は、両方が混雑して分りにくいによりて、一部を貫く大意は是非文前に弁ぜねばならぬ（中略）。よって、たとへば三条通へかゝりてこれから六条へは何う行くぞと云ふとき、白川橋を左へとり、四条通から京極通をさがりて、それから五条六条とうつると云ふ位のことは知らねば、京の町へ這入った所詮はないやうなものなり。今も文前大意の下で更に五門を料簡して一部の綱要を弁ずるなり」とする。とは言っても、「すべて論部は明かし方のむつかしいものなり。循《じゅん》環研覈《かんけんかく》（瑜伽《ゆが》の語）と云ふて、たまきのはしなきが如く、ゆきつもどりつして法義を論ずるが論部ぢゃによりて述べ方がむつかしい。（中略）今その大意を文前に於いて空談で弁ずること甚だ弁じがたいことによりて、初学の衆はきこへにくからうと案じられる。されどもこれは弁じねばならぬことぢゃによって随分きこへやすいやうに弁じたいと存ず」というわけで「義門の混雑せぬ様に」五科に分けて説明されることになる。五科はつぎの通り。

①「本論三分の有無を弁ず」。これは論の大綱を弁ずるに就き、一論の内でどれからが正説分ぢゃと云ふことを知らねばならぬゆへ、先づこの本論に序正流通の三分ありやなしやを弁定するなり。

②「五念門の正助を料簡す」。これはこの『浄土論』の明かし方、五念門中で観察門を主に明かした様に見へる。そこで『良忠記』(1)以来五念門の中観察門を正定業として、一論の大綱主とす

る所が観察門ぢゃと云ふ。これ大まちがひなり。よりて今第二に五念門の正定業助業の義を弁ず。

③「一心五念果を得るを明かす」。これは一論の大綱は一心五念の目によりて果の五門をうることを明かすにありと云ふことを弁ず。

④「入出と往還の異を分別す」。これは入出二門と往還二回向との差別を弁ず。

⑤「二法身と二身の同異を弁ず」。これは法性方便の二法身と実相為物の二身の同異を弁ず。

以下、この五科をもう少し詳しく説明しよう。それで、『浄土論註』という書物がどういうものかがもう少し見えてくると思う。

一、「本論三分の有無を弁ず」

大意五科の第一は、『本論』すなわち『浄土論』本体に序分《じょぶん》・正宗分《しょうしゅうぶん》・流通分《るづうぶん》があるかどうか、あるとしたら、どこまでが序分でどこからが正宗分、流通分なのかという問題である。

『浄土論』は二十四行の偈文（願生偈）とそれを天親菩薩が自ら解釈した散文（長行《じょうごう》）からなっているが、『論註』において曇鸞はこの二十四行の偈文を五念門（礼拝・讃嘆・作願・観察・回向）に配当している。(2) すなわち、初めの二行「世尊我一心　帰命尽十方　無礙光如来　願生安楽国　我依

修多羅　真実功徳相　説願偈総持　与仏教相応（世尊、我一心に、尽十方無碍光如来《じんじっぽうむげこうにょらい》に帰命して、安楽国に生まれんと願ず。我れ、修多羅《しゅたら》、真実功徳の相に依って願偈を説いて総持して、仏教と相応す）」の中の一行目の「世尊我一心　帰命尽十方　無礙光如来」までの三句に「礼拝・讃嘆」の前二門、つぎの「願生安楽国」の一句が第三門・作願門。二行目の「我依修多羅　真実功徳相　説願偈総持　与仏教相応」の部分が「論」すなわち「優婆提舎《うばだいしゃ》」ということを明らかにすることと、初めの「礼拝・讃嘆・作願」の三門が成就して後の「観察・回向」の二門を起こしてくる意味があるのだと解説している。そして、残りの二十二行の内、二十一行が「第四・観察門」、最後の一行「我作論説偈　願見弥陀仏　普共諸衆生　往生安楽国（われ論を作り偈を説く。願はくは弥陀仏を見たてまつり、あまねくもろもろの衆生とともに、安楽国に往生せん）」が回向門であるとする。すなわち、願生偈全体を五念門に配当するわけである。そこで香月院は、通常の意味での序分や流通分は存在せず、いきなり正宗分から始まっていると見るのが一応は妥当であるとする。しかし、別の側面から見ると、偈文の初めの二行は序分の意義をもち、最後の一行の「普共諸衆生　往生安楽国」は流通分の意義を持っており、中の二十一行こそが正宗分とも取れ、むしろそれが自然であり、三分があるともみなせる。だから、三分が有ることと三分がなくて正宗分だけとしてみるという二面から見る方がよいとする。

　なぜこのようなことが問題になるかというと、論それ自体、あるいは偈文それ自体を見てこれをすべて五念門に配当するのは誰が見ても無理があるからである。すなわち、曇鸞は、第一行の「世尊我一心」と「帰命尽十方無礙光如来」とを切り離して、しかも「帰命」を身業礼拝門《しんごうらいはいもん》、「尽十方無礙光如来」を口業讃嘆門《くごうさんだんもん》とするのだが、香月院はこれは文の「当意」ではなく「文に奄含してある義でつねの者の解されぬ釈」（前掲法蔵館復刻本、一九頁下段三行）だという。そして、「一心」は安心すなわち「信」、五念門は起行すなわち「行」で、「安心と起行ときっぱり別物」（二〇頁上段）にして『浄土論』一部を「一心の華文《かもん》」と称するのが親鸞の思想だということを強調する。だから、初めの二行が帰敬序的な意味を持つのは誰でもわかるからそのことは略して特に説明することなく、偈文全体を五念門に配当する（常の者には簡単にわからぬ）義は「註」で詳しく説明するのが曇鸞の意図なのだということになる（そして、このことがわかるのは吾祖・親鸞のみということにもなる）。

　ところが、そうすると「観彼世界相　勝過三界道　究竟如虚空　広大無辺際」から始まる二十一行は正宗分でありかつ観察門だということになって、『浄土論』というのは観察門が正所明《しょうしょみょう》（正《まさ》しく明かされる所、すなわち、主題・テーマ）とみえる。だから「この論何のいはれありて観察を主とするや」（二三頁下段）という疑問が起こるのも当然ということになる。香月院答えて曰く。「この不審尤も以て肝要なり。こゝの処にまどうから、五念門の中、観察門を以て正定業とするあやまりを引き出すなり。よりてこれから第二科へうつりて弁ず」。

二、「五念門の正助を料簡す」

「五念門の正助を料簡す」の問題は「声に出す念仏」を本願正定業とする法然・親鸞の専修念仏思想にとって極めて重大である。専修念仏の立場から言えば、口業である讃嘆門の行が中心にならねばならないはずだからである。したがって、この科は香月院の『選択集講義』と併せよむことによって理解が深まる。

そもそも、『浄土論』にせよ、『観無量寿経』にせよ、普通に読めば、浄土往生の正業は観察門、すなわち、心を静めて浄土の依正《えしょう》(3)を観察すること、言い換えれば、『観経』の第九真身観《しんしんかん》に象徴集約される「定善《じょうせん》」である。心を静めることを「止（奢摩他）」と言い、その心にありありと浄土と阿弥陀如来の相を映じることを「観察（毘婆舎那）」と言う。これは瞑想を中心とする仏教の王道であるから、正業とされても何の不思議もない。にもかかわらず、なぜに法然は誰にでもできて明らかに低級に見える「声に出す念仏」を正定業とし他の定散二善(4)を本願ではないとまで言ったのか。このことこそが専修念仏思想の要である。

私（菱木）の説明は、つぎのごとく。

そもそも、浄土に往くとか阿弥陀に出会って（回向されて）他の衆生とともに浄土に向かうということは簡単に言えば平和と平等をあきらめずに生きるということである。平等が目的であるのにそこへ向かう手段が不平等では話にならない。だから、「しかればすなはち弥陀如来、法蔵比丘の昔平等の慈悲に催されて、あまねく一切を摂せんがために、造像起塔等の諸行をもつて往生の本願となしたまはず。ただ称名念仏一行をもつてその本願となしたまへり」（『選択集』第三本願章）ということなのである。すなわち、法然は、観察などの高級そうな諸行を「できるに越したことはないができなくてもよい」ものの位置におかず、平和と平等を求める者に要らぬ差を作り出すものとして「弥陀の平等の願いに反するから捨ててしまえ」としたのである。[5] 親鸞もまたこの立場をまっすぐに受け継いでいる。ところが、諸行往生を許してしまう鎮西義は法然があれだけ「ただ（声に出す）念仏」と言ったのに『観経』や『浄土論』の表面に顕れる高級そうな真身観（『観経』）や「観彼世界相」「われ論を作り偈を説く。願はくは弥陀仏を見たてまつり」（『論』）などの言葉にあこがれ迷ってしまうのである。『観経』や『論』の表面に顕れる高級そうな行について法然は「捨てんがため、廃さんがためにに説く（廃立《はいりゅう》の義）」と明快だが、親鸞は丁寧に複雑に説明する。その複雑さの鍵は「行」ではなく「信」である。丁寧な説明は香月院に言わせれば「すべて聖教を拝見するには、聖教の真面目をあらはすが肝要。尤も我家の宗義はまもらねばならぬ。宗義をまもりて而も聖教のありのまゝを窺ふようにしたいものなり」（一一頁上段）ということになるだろう。

　香月院の説明は、法然・親鸞の独自の解釈を守り（宗義をまもり）つつそれとは明らかに違う観察門重視の外見をもつ『論』を、『論註』を介して「聖教のありのまゝを窺ふ」絶妙のものになっている。第一科で本論に序分・正宗分・流通分の三分があるかないかということを議論したことがここで重要な意味を現わす。香月院の説明の鍵は「安心の観（本願力を思ひ浮かべる観＝かかる徒者を弥陀如来の願力で浄土に往生遂げさしめてくださるぞと思ふ観）」と「起行観察門の観（仏道修行の中心とみなされている観察行）」との二種の観を分けることにある。前者が「信」、後者が「行」ということになるのだが、これを十全に理解するためには、法然の念仏為本と親鸞の信心為本との同異をよく理解する必要がある。これも、香月院の『選択集講義』やその玄談とも言いうる『選択集二十五箇条異同弁』が必須の前提となる。鍵は「他力回向」である。

三、「一心五念果を得るを明かす」

一心は安心（信）、五念門は起行（行）と分れることは、『論』に五念の行（礼拝から回向にいたる五念門）によって五功徳の果（近門《ごんもん》から園林遊戯地門《おんりんゆげじもん》にいたる五種の果門）を得ると書かれていることによってよく解る。この五念門と五果門が因と果の関係で対応しているのである。つまり、五念門の第一門礼拝門の行によって五果門の第一近門が獲得され、第二讃嘆門の行によって大会衆門《だいえしゅうもん》が獲得されるという関係である。ここで長行の章が十に分れることが説明され、「他利利他の深義」がおおむね説明される。第三科は安心・起行をきっぱり分ける親鸞の教学とそれをただ念仏の一行で説明する法然との両者の特質をよくわきまえていれば、二科と続けて理解できる。

香月院の説明は文献実証主義的な理詰めのもの（宗義をまもりて而も聖教のありのまゝを窺ふ）で、丁寧に読めば誰にでもわかるというようになっている。これによってわれわれは、親鸞の独創的な思想がけっして単なる宗教的直観といった説明不能なもの（説明する気もないし、自分でもよく解らないもの）によったのではなく、親鸞の主張とは異なった外見を持つ先行のテキスト（たとえば、五念門の法蔵所修を前面に出すことのない『論』『論註』や信心が強調されていないかに見える『選択集』）についての親鸞自身の丁寧で複雑な説明によってそれらテキストの「真意」が文献実証主義的に明らかにされるというスタイルになっていることが理解できるのである。香月院の説明は、ある意味では親鸞その人以上に文献実証主義的でさえある。このような、誰でも丁寧に時間をかければ理解できる説明をする人によることがなければ、「人に依らず法に依れ」とされた釈迦の遺訓は遵《まも》りようがないのではなかろうか。

四、「入出と往還の異を分別す」

入出と往還の異《ちがい》というこの科の問題は、まずは、以下の五項目に簡単にまとめておき、その後の第六節で、図を交えてもう少し詳しく説明する。また、この入出と往還については、本書第二部第三章で主題的に論じられるだけでなく、以下の章の問題を理解するための鍵となる。

①「入出」は『論』の解義分の終盤、曇鸞が「利行満足章」と名付けたところ、すなわち、五念

門の「因」に対して述べられる「果」の五門のところに登場する概念で、「入」は「入空《にっくう》」すなわち、空のさとりに達する智慧のことで菩薩の自利を意味するのに対し、「出」は「出仮《しゅっけ》」すなわち、いろもかたちもない空の真理を形として説く慈悲のことで菩薩の利他を意味する。したがって、「入出」は『論』において必ずしも浄土を起点として言われるわけではない。また、「入出」は五種の果門について述べられているので、「入の前四門」とされるのは、近門・大会衆門・屋門・宅門のこと、「出第五門」とは園林遊戯地門のことになるが、五種の果門は五念門と一々対応するので、礼拝・讃嘆・作願・観察が同様に「入四門」、回向門が「出第五門」となる。

②「往還」は『註』が『論』の長行のはじめのところ、曇鸞が「起観生信章」と名付けた部分の後半「五念門を出す」の中の最後の第五門・回向門につけた註釈に登場する概念で、これは明瞭に浄土を起点とする往還である。しかし、往も還も出第五門の註釈に登場するのであるから、往＝入にならないことはもちろん、還＝出もあり得ないことになる。往還という概念は『註』独自のもので『論』には登場しないのである。

③とはいうものの、「往」すなわち浄土へ往くことが「入」や「自利」の意味をはらみ、「還」すなわち浄土からこの世界に還ることが「出」や「利他」の意味をはらむのは当然であり、これを統一的に理解することは難しいけれど極めて大切なことになる。

④この統一的理解が「往相還相は衆生にばかりあり、回向は如来にばかりありあり」という香月院が

強調するテーゼである。このテーゼは、『論』はもちろん『註』においても五念門の行の行為主体は善男子・善女人、すなわち、衆生であることは明らかなのに、親鸞がそれを法蔵＝阿弥陀に変換してしまったことを説明するために建てられているものである。親鸞がこうした変換を白日の下に明らかにしたのは『入出二門偈頌《にゅうしゅつにもんげじゅ》』なので、『二門偈』も参照しながらこの変換を考える必要がある。

⑤もし、この香月院による統一的理解を否定するとしたら、往還も入出もすべて阿弥陀如来の行為とみなし、衆生は一切何もしないと解釈するか、すべてを衆生の行為とみなし阿弥陀如来や極楽世界は能力の劣る衆生に示された仮のものと考えるかのどちらかなのだが、明白にそのような説明をする者は真宗学者のなかには管見の限り一人も存在しない。前者の立場を取れば「浄土教は自覚覚他の仏教ではない」ということになるし、後者は「浄土門確立」の否定となるからである。

以上であるが、⑤について補足説明を加えておく。香月院のテーゼは親鸞の説を矛盾なく説明するために建てられたものだが、そうは言ってもそもそも親鸞の説自体がある種の矛盾をはらんでいるので、受け入れるのはそれなりに困難である。しかし、香月院を否定してしまったり、「気に入らない」ということで、このテーゼを受け入れないままに放置すると、香月院を受け入れる以上に面倒なことになる。香月院を受け入れるときの躓きは現当二益《げんとうにやく》の墨守、未来往生の受け入れを迫られているように感ずることだろう。これはしょうがない。「俺は最終解脱した」と思い込むとか、そのふりをしてサリンを撒かせることを厭わないならともかく、今現在に自利利他円満を実現していることなどないのだから、自利利他円満は希望でよいのである。希望というからには実現は未来に違いないが、希望を持って生活しているのは今此処のことである。香月院は往相の完成も還相の開始も未来（死後）であることを強調しているというよりは、現生に自利利他円満を実現していると思い込むこと、あるいは、実現しているふりをして権威を振るうことを誡めているのである。「因中説果従果示因（因中に果を説き果に従《よ》って因を示す）」の説き方は肯定しても、仏教形而上学の理である「因果同時」を実践のレベルで説くことはしないのである。

ところが、香月院を受け入れないでこの二様の立場をとると、もっと面倒なことになる。二様の立場は論理的には相互排他的であるが、実際には両者の折衷の如き、あるいは、香月院のテーゼをも折衷するような混乱しか生み出さない。こうした混乱は見ようによっては「多様な解釈を許す自由な学風」と言えないこともないが、むしろ、本書第二部第五章で言及することになる暁烏敏（一八七七 - 一九五四）に典型的に現れるような「状況によってさまざまに態度を変える無責任な学風」と言う方が当たっていると思う。暁烏は十五年戦争期に阿弥陀如来と天皇の一体性をとなえたことが知られている。

浄土教における救済と自覚

本来相互排他的である二様の態度についてそれぞれ考えてみると、前者、「弥陀の往還」の立場に立てば、衆生はただ救済の客体となるだけで「自己こそ自分の主である」を最も大切にする仏教とそぐわない。これを無理に仏教と合わせようとすると、後者のように弥陀や極楽はなくてもいいものになるか、弥陀が私となって往生し、私が阿弥陀となって衆生を救うといった神秘主義を招く。曽我量深《そがりょうじん》の言葉として知られる「如来我となりて我を救う」というものがそうした神秘主義の一例とみなされてしかるべきだと思う。これは、如来は私になるのだから「阿弥陀仏は釈迦にもなり、提婆にもなり、阿闍世にもなり、韋提希にもなり、鈴木（大拙）さんにもなり、暁烏にもなられるのである。（中略）こうした私の信念が天照大神様は弥陀様の化身だと言わしめたのである」（『暁烏敏全集』一九巻、全集刊行会・涼風学舎、二四三〜二四四頁）ということにつながるだろうと思う。阿弥陀如来と極楽国土というものを建てている以上こうした神秘主義的な議論は避けえないかもしれないが、阿弥陀があっても「往還は衆生ばかり、回向は如来ばかり」というふうにきっぱり分けることによる害の少ない議論はすでに確立している。

香月院のテーゼの眼目は往還の主体と回向の主体をきっぱり分けるところにあるのであって、往相の終点と還相の開始が未来（死後と言ってもよいが）にあるというところには力点はない。したがって、香月院は「還相は未来のことである」と述べないわけではないが、けっして「還相回向は未来のことである」とは述べないのである。衆生が現当にわたって往還することの根拠となる如来の回向が現世にあることについては、『註論講苑』に明確に述べられている。[6]近代教学の立場に立つ人で還相を単純に利他と解したうえで、自分が罪悪深重の身だと自覚することが大切であって他者を救済するなどということは考えないとして「自分の還相回向は問題にしないでよい」と発言する者は後を絶たないが、香月院は還相の主体がわれら凡夫であることを強調しているから、還相を問題にしなくてよいなどとはけっして言わない。実現を未来に置いていることを以て香月院が還相を問題にしていないと考えるのは甚だしい誤解である。「それっていいですね」と一言でも発したときに現生正定聚になる、極楽の人数に登録されるということの意味は、未来にはわれらは必ず還相の菩薩となる生き方を今ここで獲得したということなのである。極楽には他国を侵略したとか義のために戦争をするということは一切ないが、極楽にメンバー登録しても実際に住んでいるところは差別と殺戮にあふれている。そんなところで還相が実現しているなどと言えないのは当たり前だが、還相の主体となる約束はいま回向されているのである。それを実感して再びみたび「それっていいですね。南無阿弥陀仏」と声に出す時、他者を励ます還相の菩薩を先取りしたかのような大任務を果たしているのである。[7]

阿弥陀如来と極楽浄土の意義

香月院を受け入れないもう一つの立場は、後者の、回向も往還もすべて自分で行なう（正確には「如来の力など借りずに自分で自利利他する」）という立場だが、これはそもそも浄土教とは言えない。

この立場では、浄土とか阿弥陀如来といってもそれは（目指されるべき）自己の心の状態を象徴的に表したにすぎないことになる。すなわち、この立場においては、阿弥陀は衆生を往還せしめる超越的な他者ではなくなり、阿弥陀仏と極楽国土に対して「それっていいですね」と声に出すだけの立場とはまったく異なるところの自身が現世で自利利他円満なる「証り」を目指すエリート主義の象徴になる。極楽は無為涅槃界だという表現もあるから、往還が成就するのは死んでからだというような実体化を伴うイメージを嫌うのも一理はあるのだが、無為涅槃は煩悩成就の我等には手掛かりもない。つまり、説明のために考えておくことが何かの折に役立つことがないわけでもないが、実践的な意味においては基本的に単なる悪趣味でしかない。極楽世界は無為涅槃界《むいねはんがい》だとか、それを法性法身《ほっしょうほっしん》(8)だとか真如実相などと言い換えたり、あげくは、どんな言葉でも言い表せないので「清浄句」だとか「一法句《いっぽっく》」などというだけでは何も伝わらないのであって、「極楽世界には命の差別を前提としなければ動かぬ原発も民意を無視して作られる軍事基地もない」というように実践的にわかる象徴でないといけないのである。極楽世界にないものを明確に示すことはむずかしいのだが、無為涅槃界とか虚無《こむ》の身・無極之體《むごくのたい》では、凡夫にとってはなんのことだかわからない。

往還の主体は衆生

往還入出同異の問題において香月院の主張の力点は往還の主体が衆生であって如来ではないとい

うことにある。このことを見失うと混乱しか生まれない。いささかくどいようだが、これを香月院が『註論講苑』においてもさほど強く述べていない論点から補強しておきたい。

そもそも、親鸞思想の解釈において、入出あるいは自利利他と往還との同異が問題になるのは、親鸞が五念門の行為主体を善男子・善女人から法蔵菩薩に変換したことにある。そうなると、回向門行に先立つ礼拝・讃嘆・作願・観察の前四門の行も主体が法蔵に変換されてしまう。そのため、礼拝や讃嘆において法蔵が自分の未来のすがた（果上の相）たる阿弥陀如来を礼拝し讃嘆するというおかしなことが起こる。親鸞はなぜにこのような奇妙なことを言い出したのか。それは、もし、五念門行のすべてが善男子・善女人の行為であるとした場合、阿弥陀如来や極楽世界は本来的にはなくてもよいものとなるからであり、逆にすべてを法蔵菩薩の修行とすると、浄土教は自利利他円満・自覚覚他の仏教であることをやめて単なる救済教になってしまわねばならないからである。そのために、親鸞は五念門行の法蔵所修という、ある意味では、「奇論」を立てたのである。この「奇論」をなんとか整合的に説明したのが香月院のテーゼ「回向は如来にばかりあり、往相還相は衆生にばかりあり」なのである。しかし、回向門以外の四門についても、たとえば「礼拝は如来にばかりあり」と言えるかというと実はそうもいかないのである。先に私が「香月院のテーゼを受け入れても生ずる矛盾」と言ったのはこのことである。この事情を、一例として親鸞の礼拝門解釈で見てみよう。

まず、『論』『論註』の礼拝門の原文と現代語訳を示す。

いかんが礼拝する。身業をもつて阿弥陀如来・応・正遍知を礼拝したてまつる。かの国に生ずる意をなすがゆゑなり（どのように礼拝すればいいのか。〔五体投地などの〕身体を使って阿弥陀如来・応・正遍知を礼拝するのである。阿弥陀如来の極楽土に往生したいという気持ちを示すためである）。

この部分が、親鸞が独自の訓点を施した『加点本』ではつぎのように行為主体が変換されている。変換がわかるように傍線を施してある。

いかなるか礼拝。身業をして、阿弥陀如来・応・正遍知を礼拝したまいき。かの国に生ぜん意をなさせんがゆえなり。（礼拝とはどのようなことか。身体を使われて、阿弥陀如来・応・正遍知を礼拝なされたのである。〔さまざまな巧みな手立てを講じて、もろもろの群生をして〕阿弥陀如来の極楽国土に往生したいという気持ちにさせたいと思われてのことである）。

『加点本』においては、五念門行のうちの一つである礼拝門行の主体は転換されているようでもあるが、そうなると法蔵菩薩が自分の未来のすがたである阿弥陀如来を礼拝するという奇妙さも現れる。このことについては、私が『加点本』の引用としては存在していない「さまざまな巧みな手立てを講じて、もろもろの群生をして」という一句を挿入した理由を述べておくことによって問題が明確になると思う。これは、親鸞の『入出二門偈頌』の記述を踏まえた挿入なのである。『二門偈』は、親鸞独自の著作であり、直接の引用ではない。その『二門偈』では親鸞はこの部分を「いかんが礼拝する、身業に礼したまいき。阿弥陀仏正遍知、もろもろの群生を善巧方便して、安楽国に生ぜん意をなさしめたまうがゆえなり」としており、礼拝が法蔵の行為として敬語表現されるだけでなく、本来は礼拝の対象であった「阿弥陀仏正遍知」は、つぎの文の主語に転用され、「なさせん」という使役の助動詞を挿入して、その阿弥陀が「巧みな手立て（善巧方便）を用いて衆生に対して極楽往生の気持ち（安楽国に生ぜん意）を抱かせる」としている。これによって、「如来が衆生を往還させるために礼拝の手本を示す」という親鸞の言いたいことがよりはっきりとするのである。

『二門偈』における五念門の行為主体の転換についてはもちろんこれまで多くの論者が述べてきたことなのだが、私がここで強調したいのはそれとは少し別のことである。『論』『論註』の原意としては礼拝門行の行為主体は当然のこととして善男子・善女人であるから、礼拝の行為理由はその善男子・善女人が「彼の国に生ずる意」すなわち自分が往生したい気持ちを持つからとされている。そうすると、礼拝の行為主体を法蔵に変更すると、「彼の国に生ずる意」を持つのも法蔵だということになるはずだが、親鸞はそうしていないのである。法蔵の礼拝門行の行為理由は自分が往生することではない。当たり前のことである。往生先の極楽はまだ修行中で建立されていないし、礼拝の対象も未来の自分ということになってしまうからである。

法蔵の礼拝門行の行為理由は、対象は漠然としていてもいいから、礼拝という姿の手本を見せて衆生をして往生したいという気持ちを持たせるためなのである。つまり、『二門偈』の礼拝門では、還相についてはまだ当然言及されないが、往相については使役の助動詞の挿入によって「衆生ばかりにあり」が貫徹されているのである。香月院の口吻をまねて言えば、「往還の二相を弥陀に約すると云ふ事は決してなき事と知るべし」「御訓点明かなり[9]」なのである。訓点の付け替えによって行為主体を転換することについては、敬語を加える方法と使役の助動詞を加える方法のふたつがあるわけだが、香月院本人を含めて使役助動詞「せしむ」「なさしむ」を加えることへの注意が少し足りないように思う。

五、「二法身と二身の同異を弁ず」

二法身とは法性法身と方便法身、二身とは実相身と為物身《いもつしん》のことである。

二身という概念は、『論』の後半解義分において五念門の中の讃嘆門の中に出てくる「如実修行（実の如く修行する）」という語句について曇鸞が施した『註』の中に登場する。『論』には登場しない。また、二法身は『論』が観察門に示された極楽浄土の二十九種の荘厳功徳を極楽の環境（器世間）と阿弥陀如来自身や菩薩などの極楽の住人（衆生世間）とに二分して説明する中に出てくる「一法句」「清浄句」「真実智慧無為法身」などについて曇鸞が施した『註』に登場する概念である。本書第二部の第四、第五章はこの浄土教における仏身論の課題を論じているので詳細はそれに譲る。

この問題は、方便法身とは何かという問題に収斂すると思われる。おそらく、カント『実践理性批判』に現れる「実践理性の要請としての神」の問題とリンクさせて議論するのがいいと思う。「要請」というのは、神は純粋理性が扱えない問題ではあるが、実践理性としてはぜひとも必要なものということである。為物身というのがこの要請という概念に近い。香月院は、「法性法身＝実相身、方便法身＝為物身」という通常の理解に異を唱え法性法身を知るなどということは凡夫の境涯ではないとして議論の外に置き、方便法身において実相・為物の二身が分かれるとする。法性法身を凡夫（つまり通常の人間理性）が扱えないとすることと、神の存在証明は純粋理性の埒外のこと（越権行為）とするカントとは近い。ここにも香月院の近代性が現れている。すなわち、平和と平等を目指す人間の主体性を信じ、しかもそれには阿弥陀如来の本願と本願酬報の浄土が要請されねばならぬというように、「真」の領域と「善」の領域を分けるカント風の近代性である。私は、第二部の第四、第五の各章で、これをカントの影響を受けて成立したプラグマティズムの観点から説明しようと試みた[10]。

六、五念門・五果門、往還二回向の関係及び入の前四門と出の第五門との関係

さて、本書は、基本的に香月院の解釈を紹介しつつ議論を展開しているのだが、香月院も阿弥陀如来の化身などではないので、完全無欠なことはない。次に香月院の文前五科の第四「入出と往還の異《ちがい》を分別す」を、筆者（菱木）の読解に基づいて図を用いて示す。

天親の『論』

まず、天親の『論』で入出という概念と、修められるところの行の内容とその功徳によって得られる果との関係を示す。つまり、礼拝門の修行の功徳によって近門という果が、讃嘆門の行を修する功徳によって大会衆の数に加えられるという果を得るという因果関係を示す。また、「入」は「入空」の智慧で「自利」を示し、「出」は「出仮」の慈悲で「利他」を示す。『論註』では、因の第五門である回向門の解説として『論』の果の五門の第五「園林遊戯地門」の文言が登場する（因中説果・従果示因）。

曇鸞は、五果門の第五（園林遊戯地門）への修行である「回向門」の解説として、「入＝自利」の雰囲気を持つ「往相」と「出＝利他」の雰囲気を持つ「還相」との二種の回向があるとした。そこで、親鸞は、曇鸞の真意は「他利利他の深義」によって、五念門の修行、とりわけ、回向門の修

行主体は「法蔵菩薩＝阿弥陀如来」だとして、弥陀の本願力回向の説をたてた。ここまでの関係を図示したのが図1である。

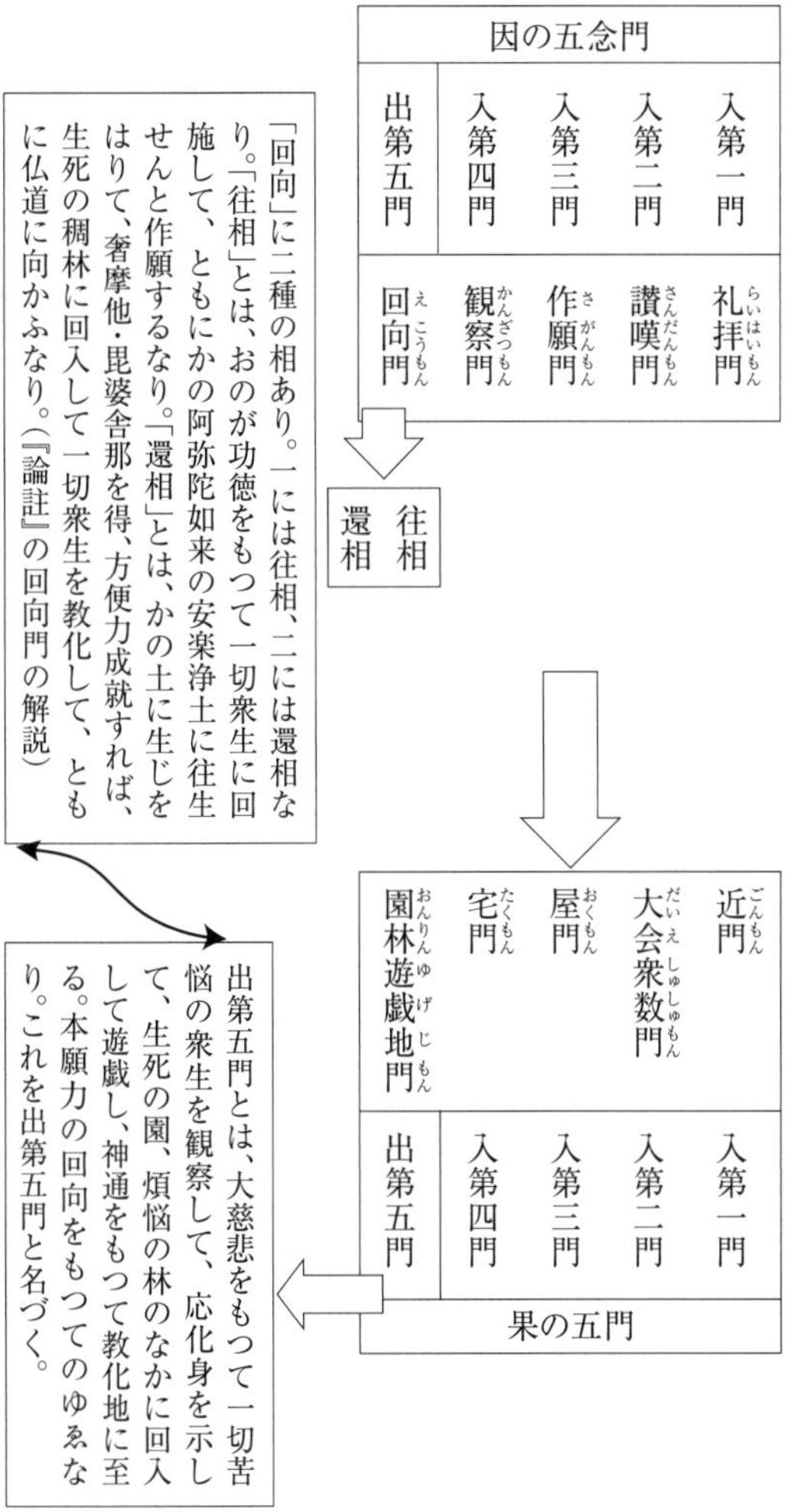
因の五念門
入第一門
入第二門
入第三門
入第四門
出第五門
礼拝門《らいはいもん》
讃嘆門《さんだんもん》
作願門《さがんもん》
観察門《かんざつもん》
回向門《えこうもん》
往相
還相
「回向」に二種の相あり。一には往相、二には還相なり。「往相」とは、おのが功徳をもつて一切衆生に回施して、ともにかの阿弥陀如来の安楽浄土に往生せんと作願するなり。「還相」とは、かの土に生じをはりて、奢摩他・毘婆舎那を得、方便力成就すれば、生死の稠林に回入して一切衆生を教化して、ともに仏道に向かふなり。(『論註』の回向門の解説)
近門《ごんもん》
大会衆数門《だいえしゅしゅもん》
屋門《おくもん》
宅門《たくもん》
園林遊戯地門《おんりんゆげじもん》
入第一門
入第二門
入第三門
入第四門
出第五門
果の五門
出第五門とは、大慈悲をもつて一切苦悩の衆生を観察して、応化身を示して、生死の園、煩悩の林のなかに回入して遊戯し、神通をもつて教化地に至る。本願力の回向をもつてのゆゑなり。これを出第五門と名づく。

図1　『浄土論』『浄土論註』および『教行信証』と
『入出二門偈』における五念門・五門、往還二回向の関係
また、それと入の前四門と出の第五門との関係

『論註』の往還二回向と元の『浄土論』の五念門・五果門との関係

そうすると、『論註』の往還二回向と元の『浄土論』の五念門・五果門との関係は図2のようになり、親鸞の現生正定聚の考え方を合わせ示すと大会衆数とは正定聚と同じ意味だから、大会衆門までが現益、屋門から園林遊戯地門までが当益ということになる。また、還相回向は当然「当益」であり、園林遊戯地門が果として実現しているのは未来、すなわち、死後のこととなるが、往還が弥陀如来から回向されるのは現生のことで（行者所修ではない法蔵所修の）回向門から衆生に回向されるのである。つまり、「入出＝自利利他」と「往還二回向」は総体としては一致するが、寛狭が異なる。『論』では入出が寛く往還が狭いのに対して、『論註』の往還を中心にみると逆に往還が寛く入出が狭い。

往相回向	礼拝門	現益	入
	讃嘆門		
	作願門		
	観察門		
	回向門		出
	近門		入
	大会衆門		
	屋門	当益	
	宅門		
還相回向	園林遊戯地門		出

図２　『註』に説かれた往還二回向論の側から元の『論』に説かれた五念門・五果門を整理して示した図

図2は『註』の往還二回向の側から『論』の五念門・五果門を整理しなおしたものだが、往還と回向の主体をきっぱり分けるということに主眼がある香月院自身のテーゼを、回向門以外の五念門全体にわたって一度に説明しようとす

る図になっているので、はなはだわかりにくい。というのは、「回向は如来にばかりあり」と言えても、「礼拝・讃嘆は法蔵にばかりあり」と言うわけにはいかないからである。実際、香月院は「行信は娑婆で得る」と言い、礼拝・讃嘆が「衆生にばかりあり」とは言わぬまでも「衆生にもある」ということは否定しない。また、「往還は衆生にばかりあり」についての矛盾と見えることは、親鸞が法然を勢至菩薩《せいしぼさつ》の化身と考えていたとか、香月院を含めて後代の真宗門徒が親鸞を弥陀の化現とみなしたことにあるだろう。弥陀の往還を否定する香月院のテーゼは、自身が気づいているかどうかはともかく、プラグマティックな要請に基づいている。弥陀が親鸞になるのだったら、弥陀が天皇になっても純論理的にはおかしくないが、プラグマティックな要請からはけっして弥陀は生身の人間である天皇などにはもちろん、アマテラスにもなりはしないのである。香月院は、弥陀が親鸞になったことは還相というものではないと説明するが、いささか論点先取りの難がある。往還と入出の違いを説明するに際して、阿弥陀や極楽といった仮説を、どう働くのかという実践理性の面からではなく、論理整合性の純粋理性の範疇で説明し切ろうとしたせいでこのような無理が生じたのである。

もちろん、近代教学などにある香月院の苦心の説明を無視したものにおいては、無理が生じてもしらんふりのものが多い。それらの人たちの香月院に対する罵詈雑言を斟酌すれば、香月院を批判するのはいささか酷であるが、私が単純に論理のレベルだけで香月院に同調しているわけではないことを断っておきたい。このことは、第二部の第四、第五章でプラグマティズムとしての仏身・仏土論として詳しく論ずることにする。

〈注〉

（1）香月院の講義にたびたび登場する『良忠記』とは、良忠の『往生論註記』のことで、数次の改訂を経て、最終的な成立は弘安九年（一二八六）とされる。良忠は、鎮西派の第三祖・記主良忠《きしゅりょうちゅう》（一一九九－一二八七）のこと。然阿弥陀仏といい、然阿と略称し、記主禅師と尊称される。『往生論註記』は『論註』の注釈書としては最も成立が早い。

（2）『註』のその個所を引用するとつぎの通り。「偈のなかを分ちて五念門となす。下の長行に釈するところのごとし。第一行の四句にあひ含みて三念門あり。上の三句はこれ礼拝・讃嘆門なり。下の一句はこれ作願門なり。第二行は論主（天親）みづから、「われ仏経によりて『論』を造りて仏教と相応す、服するところ宗ある」ことを述ぶ。なんがゆゑぞいふとならば、これ優婆提舎の名を成ぜんがためのゆゑなり。またこれ上の三門を成じて下の二門を起す。ゆゑにこれに次いで説けり。第三行より二十一行尽くるまで、これ観察門なり。末後の一行はこれ回向門なり。偈の章門を分ちをはりぬ。」

（3）依正とは、依報・正報の略で、正報は主体、依報はそれを成り立たせる環境のこと。すなわち、正報が阿弥陀如来とその眷属たる観音・勢至などの菩薩衆、依報が極楽国土を指す。

（4）定善は心を静めて行なう瞑想中心の善行、散善は瞑想以外の通常の善行であるが、「（声に出して唱える）

称名念仏」は散善なのかそれ以外（定散二善以外）なのかということについては、浄土宗と真宗では解釈が微妙に異なる。

（5）法然が捨てるべきとしたものの代表は「造像起塔」すなわち寄進地系荘園での搾取イデオロギーである。これを明確に指摘することによって、死後の往生・死後の還相利他にすぎないかに見える浄土教思想が現実変革思想となりえたのである。詳しくは拙著『ただ念仏して――親鸞・法然からの励まし』（白澤社、二〇〇九年）参照。

（6）原文は以下の通り。

法蔵菩薩この五念門を修し終り給ふとき、衆生のための果の五門までを成就し終り給へり。これ因の五念門は衆生往生の因を法蔵が衆生に代わりて成じ給ふなり。又果の五門は衆生の果で、これまた法蔵菩薩本願力を以て成じ給ひしなり。その因の五念門、果の五門とを、今日果上の阿弥陀如来から衆生へ与え給ふときはどこから与へ給ふぞといへば、この回向門から衆生へ与へ給ふなり。これはそうでなければならぬなり。因位御修行の間にも五念門ながら衆生のための行なれども、「令諸衆生功徳成就」、これも衆生のため衆生のためと衆生へ回向し給ふ所は回向門なり。又因行すでに成じ終りて果上の阿弥陀如来となり給ふ時は、五念門の中で前の四念門は因位の修行ばかりで果上の四念門と云ふはなし。今日果上では回向門の一門ばかり残りてあるなり。そこで法蔵菩薩衆生のために成じ給ひし因の五念門も果の五門も、今日果上で衆生へ与へ給ふときはこの回向の一門から与へ給ふ。衆生へ与へる場所は回向の一門なれども、与へ給ふ物柄は因の五念門と果の五門と、衆生往生の因果輻輳してこの回向門から衆生のほうへ流れ落つるなり。（『註論講苑』四六二頁。傍線は菱木）。

（7）このことを香月院は「往相の途中の振り向いてなす利他行、衆生済度」とか「自信教人信（自ら信じ人をして信ぜしむ)」という説明はする。しかし、けっして、現在において往相が成就した(つまり現生往生)とは言わないし、まして、自分はもちろんたとえ法然親鸞のような人師であっても還相の菩薩であるとは言わない。

(8)本書第二部第四章、第五章参照。

(9)本書第二部第三章六節参照。

(10)人間の知の領域にはこの「真」「善」の他に「美(醜)」の領域がある。美醜とは、たとえば、いさぎよさとぐずぐずしていることの対比を意味するので、カントはこれを「判断力」「決断」の領域と名付けた。本書の中では、これは「信心」の問題と言ってもいい。決断は、時に真偽や善悪を超越、あるいは逸脱することがある。これをホワイトヘッドは「冒険」という言葉で表わした。信心の冒険的傾向について本書で十分に取り上げることはできなかったが、さらに考えを深めていきたい。

第二部　真宗伝統教学再考

――プラグマティズムとしての仏身・仏土論

第三章　真宗伝統教学再考

――高木顕明の還相回向論のルーツを求めて

一、近代日本の浄土真宗と非戦論の系譜

真宗大谷派は、近代日本において教団組織だけでなくその思想と信仰においてもいち早く近代化を果たした教団として知られている。思想・信仰の近代化においては、清澤満之（一八六三‐一九〇三）とその継承者によるいわゆる「精神主義」と「真宗近代教学」の存在が大きい。近代教学は大谷大学をはじめとするアカデミズムの世界でもはや一定の権威を確立したと言ってもいいだろう。一方、これによってそれまでの伝統的な真宗理解は「封建教学」と蔑まれるようにさえなってしまった。

しかし、この二つの教学を近代日本の天皇制や戦争との関係を軸として比較してみた場合、単純に一方を近代的、他方を封建的とみなしてよいかどうかははなはだ疑問である。たとえば、近代教

学に属する人びとの中から天皇制に対する積極的迎合（あるいはむしろ一体化）の態度や好戦論が頻出したのに対して、「（国家）神道」批判や非戦論はもっぱら伝統的な教学理解を示してきた人びとからしか出てこなかったからである。なぜこのようなことになったのか。

真宗教団の天皇制に対する迎合はこれまでいわゆる「真俗二諦論」に基づいていると評価されてきた。伝統教学に属していた人たちにはもちろん真俗二諦論はあったのだが、俗諦として語られる天皇への忠誠は、幕藩体制の中では幕府への忠誠、中国や朝鮮への布教の際にはそれぞれの皇帝への忠誠との取り換えが可能であるのに対して弥陀帰一の真諦優位はけっして揺るがぬものとしてあった。ところが、阿弥陀如来を抽象的・哲学的な「無限」一般ととらえる近代教学においては、この「無限」に阿弥陀如来もアマテラスも現人神天皇も何でも入ってしまう。つまり、真俗二諦ではなく「真俗一諦」となって天皇制と一体化してしまったのではないかと思われる。大谷派における非戦論の系譜には、大逆事件（一九一〇年）で死刑判決を受けた高木顕明やアマテラスを「迷界の有情」とその本質を言い当てた河野法雲《こうのほううん》（一八六七‐一九四六）に顕著なように、伝統教学における真諦優位とそこから帰結する神祇不拝の貫徹が大きく作用している。

二、高木顕明「余が社会主義」の「非戦論」に現れた還相回向

大逆事件のいわゆる「新宮グループ」の中で逮捕を免れて、のちに数々の貴重な証言を小説の形

などで残した人に沖野岩三郎（一八七六 - 一九五六）というクリスチャンがいる。沖野によると、高木顕明は、日露戦争において戦勝祈願の法要を拒否するなど神祇不拝の実践をてこにして非戦論の立場をとったことが知られる。[5] ただ、顕明の遺文である「余が社会主義」では、直接に神祇不拝を語ることはほとんどなく、自身の非戦論を親鸞の還相回向の思想を根拠として展開している。真宗だけでなく近代日本の多くの仏教は、教団総体としては非戦論に立つよりは多くの場合、戦争を支え好戦的でさえあった。個人的に非戦の立場に立った僧侶や門信徒がわずかに存在するだけなのだが、それらの人が仏教徒・念仏者として非戦の立場をとったのか、仏教信仰とは別の文脈で非戦論者であったのかはよくわからない。しかし、顕明は自らの非戦の立場を自身の信仰と教学に基づいて明確に書き遺している。その意味でも「余が社会主義」は貴重な史料なのである。

すなわち、「余が社会主義」には、自身が非戦論の立場をとる根拠がつぎのように記されている。

弥陀と違はん通力を得て、佛心者大慈悲是なりと云ふ心に成りて、他方国土へ飛び出して有縁々々の人々を済度するに間隙のない身となる故ニ極楽と云ふ。眞ニ極楽土とは社会主義が実行せられてある。

極楽世界には他方之国土を侵害したと云ふ事も聞かねば、義の為ニ大戦争を起したと云ふ事も一切聞れた事はない。よりて余は非開戦論者である。戦争は極楽の分人の成す事で無いと思ふて居る。（第三章「社会」）

諸君よ願くは我等と共に此の南無阿弥陀仏を唱へ給ひ。今且らく戦勝を弄び万歳を叫ぶ事を止めよ。（中略）何となれば此の南無阿弥陀仏を唱ふる人は極楽の人数なればなり。（第五章「実務行為」）(6)

これをまとめるとつぎの三点に要約できると思う。

①南無阿弥陀仏を唱える者は極楽浄土のメンバー（極楽の人数《にんじゅ》・極楽の分人）である。
②極楽とは他方世界（この娑婆世界）に飛び出して有縁の衆生を済度する根拠地である。
③極楽浄土には戦争がないから極楽の人数・分人たる私（顕明）は非戦論者である。

これら三点に関して親鸞の思想との異同を検討すると、つぎのようになる。①は親鸞『教行信証・証巻』の「煩悩成就の凡夫、生死罪濁の群萌、往相回向の心行を獲れば、即の時に大乗正定聚の数に入るなり」、すなわち、現生に入正定聚が成立するという独自の思想を展開しており、「南無阿弥陀仏を唱ふる人は極楽の人数なればなり」とする顕明の見解との異同はない。②③は同じく『証巻』の「還相の回向と言うは、すなわちこれ利他教化地の益なり」に由来する。ただし、これらが親鸞自身の往還二回向思想に合致していると主張するには、つぎの二点が成立していなければならないと思われる。

ひとつは、還相のイメージがある「他方国土へ飛び出して」や「有縁の人を済度する」に関して、飛び出したり済度したりする主体は阿弥陀如来ではなく「弥陀と違はん通力を得た」極楽のメンバー、極楽の分人であるということが成立していなければならない。つまり、親鸞が「往還する主体はわれら凡夫である」と考えていたことを証明しなければならない。またもうひとつは、非戦論者として活躍するのは、当然死後のことではなく現在なのであるから、煩悩成就の凡夫の一人にすぎない顕明に還相回向もまた現生に成立している必要があるかのように見受けられる。親鸞は還相するのはわれら凡夫であると考えていたとしても、それを現在のことだと考えていただろうか。

私は前著『極楽の人数』において、顕明のこの立場は親鸞思想に合致すると述べた。そして、衆生自身が還相して他の衆生を済度することを否定する近代教学を批判した。[7] しかし、伝統教学の中には、衆生が他の衆生を済度することや衆生が如来回向によって自身還相することをはっきりと認めるタイプのものがある。[8] その代表的な論者は香月院深励であるが、近代教学に属する人びとの中にはこの香月院を名指しで間違っているという人もいる。そこで、本論では香月院の親鸞理解を紹介しつつ高木顕明の非戦論・還相回向理解を検討しようと思う。

三、高木顕明の教学系譜

そこでまず顕明が依拠したと推測される伝統教学について若干の整理をしておきたい。

高木顕明は真宗教学を名古屋の尾張小教校において神守空観《かもりくうかん》（一八一八‐一八八九）に学んだ。空観は高倉学寮で雲華院大含《うんげいんだいがん》（一七七三‐一八五〇）に師事して真宗教学を学んだ学僧である。顕明が学んだ真宗教学がどのようなものであったかを知るにはこれらの人たちが遺した著作やその学系を調べるなどの研究が欠かせないのであるが、そうした研究はあまり豊富とは言えない。私は、上海別院を開いた小栗栖香頂《おぐるすこうちょう》（一八三一‐一九〇五）と大含がともに広瀬淡窓《ひろせたんそう》（一七八二‐一八五六）の塾・咸宜園《かんぎえん》に学んだ仲であったこと、空観が香頂の後釜として上海別院に赴いていることに注目している。香頂や空観が上海別院で中国の仏教関係者らを含む聴衆に講義したのは、香月院深励が得意とする『選択集』や『浄土論註』であった。[9] ちなみに、一八八五年に刊行された香月院の『選択集講義』[10]の校訂者は小栗栖香頂である。これらの人は真俗二諦論を説き、本地垂迹説を維持して権力との妥協（時には迎合）をもっぱらにしていたことは確かなのだが、真俗二諦論ではすでに述べたように真諦優位を崩すことはないし、本地垂迹説を活用して神祇護念を述べながら、いざという時に神祇不拝をけっして捨てなかった。神守空観の学系に関しては住田智見「大谷派先輩学系略」（真宗大系・別巻所収）によると、大含による系譜とは別に深励→恵劔→伏明→空観という流れもうかがえる。ただし、住田がこれをどのような史料に基づいて述べたのかはほとんどわからない。現在、こうした点に関して手かがりになる著作は武田統一『真宗教学史』（平楽寺書店、一九四四年）または『大谷大学百年史』（大谷大学百年史編集委員会、二〇〇一年）、また、三九歳でこの世を去った広瀬南雄（一八八七－一九二八）の遺稿を一九八〇年にまとめた『眞宗学史稿』（法蔵館）以外に見当たらないようである。これらによれば、真宗大谷派の江戸教学の主流を形成していった高倉学寮の性格やその影響力などをある程度推測することができる。

近世大谷派の中心となった教学は「高倉教学」と呼ばれることが多い。これは、一七七五年に東本願寺の東側にある高倉通りに学寮が建設されたことに由来する。学寮は、これより一世紀近く前の本願寺の東西分派の少し後にそれぞれ創建されたとみなされているのだが、大谷派の場合、創建時に学事を担当したのは本来儀式執行の担い手であった「堂僧」と呼ばれる階層の僧侶たちであった。これを「御堂衆《みどうしゅう》」と呼ぶこともある。儀式の主役はもちろん本願寺当主だから、御堂衆は儀式の担い手というよりは当主側から儀式の下働き役とみなされていたかもしれない。しかし、高倉学寮での学事担当の中心は、堂僧たちから次第に地方末寺出身の学僧たちに変化していった。高倉学寮の学僧たちは、親鸞の著作や親鸞が取り上げたいわゆる七祖の著作に対して文献実証主義的な学風で取り組んでいる。これには十八世紀以後の民衆の文化的成熟が関係していると思われる。(11) すなわち、識字率の大きな上昇、「寺子屋」などの庶民教育機関の成長によって、支配階級の「藩校」などのように形骸化した支配イデオロギーを学ぶのではない実証主義的な学問が成立したのである。それは、仏教以外でも町人・本居宣長に代表される国学や荻生徂徠らの儒学における文献実証主義的な学風が育ってきたことと軌を一にしていると思われる。学寮における教学の担い手の変化について武田統一は堂僧たちの多忙さを理由としているが、理由はなんであれこの担い手の変化によってある意味「近代的」と言える実証主義的な学風が成立したことには大きな意味がある。

ところで、近世大谷派の教学にはもう一つの流れが存在し、それが高倉学寮と対立していたとも考えられる。この流れは「相伝教学」と呼ばれる。相伝というのは、ただ一人の教化者、すなわち、大谷家当主（東西で名称は異なり門主とか法主とか呼ばれる。「宗主」とも言うがこれは一族の当主が宗教教団の首長であるという本願寺教団ならではのことである）がすべての門末を教化するという建前から、当主は阿弥陀如来（あるいは、少なくとも宗祖親鸞）に直結していなければならないが、万世一系の天皇ではあるまいし、信仰や思想が遺伝することはあり得ないので、徳川御三家のごとく三家または五家を選んで儀式や教学を「相伝」し、それを次の当主に教育するということで形成されたものだとされる。だから、その担い手は「一家衆」と呼ばれる本願寺の宗主（当主）一族、あるいは、その教団支配原理に沿った学者ということになるだろう。これを五箇寺相伝《ごかじそうでん》ともいう。現在、相伝の教学として残されたものは一九七〇年代以降大谷派教学研究所などで翻刻され広く読めるようになっている。[12]また、当然、そうした相伝文書は下々のものに見せることはなく秘伝的色彩が強かったと思われるが、高倉学寮建設前後にはその秘匿性はかなり失われ、学寮の学僧たちだけでなく地方の住職たちもひそかに、あるいは、公然と相伝教学を参照することもあったらしい。香月院の講録を読むと、明らかに相伝系の主張を念頭に「古来一つの異議がありて」などと批判されてい

るものが多く見受けられ、『教行信証』講義である『広文類会読記』では相伝教学が名指しで批判されている。(13)

一家衆の権威が次第に強くなり御堂衆との対立が見られるのは本願寺教団が門跡寺院と成った一五五九（永禄二）年の二年後の親鸞三百回忌が画期であるとされるが、(14)相伝系の教学と高倉教学の対立はあるいはここに根を持っているかもしれない。また、近年非常に興味深い文献が翻刻されている。それは『稟承餘艸《ほんじょうよそう》』および『稟承餘艸評破《ほんじょうよそうひょうは》』(15)と題する小冊子で、前者が相伝系の儀式の意義・本質についての三十七箇条の故実とその解説、後者がそれを評破（論破）するという目的で書かれた高倉学寮系の書物である。両書が同一の相伝系の寺院に保存されていたので両者の対立をさほど重視する必要はないかもしれないが、思想内容、殊に「本尊論」に関して明白な対立がみられる。「本尊論」とは儀式において何を「本尊」とするかということであるが、これを一般化すると「仏身論」ということになる。本章は、高木顕明の往還二回向論のルーツを探ることをテーマにしているので、仏身論については次章以降で論ずるが、還相するのは弥陀か衆生かという本章のテーマそれ自体とも深いかかわりを持つ対立であるのは確かである。ちなみに、相伝側の本尊観は久遠実成の弥陀如来で法性法身、学寮は方便法身・報身仏という立場である。前者の立場をとれば、弥陀自身の還相という『論』『論註』の文からだけではなく親鸞『教行信証』からもけっして出てこない解釈、すなわち、文献実証主義的な立場からは出てこない解釈が生まれる。(16)

高倉学寮は近世末期には異安心《いあんじん》調理《ちょうり》と呼ばれる地方寺院説教者に対する異端審問のようなことも行ない、いかにも権威主義的な学風であるかのような印象を受けるのだが、実態は必ずしもそうではなかったのではないかと思われる。なぜなら、代表的な異安心調理はいずれもこの相伝系の本尊論・往還論に近い異解に対して行なわれているからである。本章は、香月院に代表される学寮系の立場が「衆生が還相の主体であることを強調する教学であること」を確認し、高木顕明の「余が社会主義」の根拠足り得るものだということを論証することを目指している。それによって、相伝系の本尊論とそれに酷似した種々の異安心は「人間を絶対的なものによって救済される客体にすぎない」とみなす立場に傾くということが明らかになるだろう。異安心調理には、人間を委縮させるかのような信仰理解から積極的な信仰者をよみがえらせる働きもあったのではないかとも思われる。

香月院の調理を受けた羽州公厳のようにのちには香月院に師事するという例もある(17)。

すでに記したように顕明と香月院を結ぶ明確な糸は見つからないのであるが、学寮の学僧の中で香月院はとりわけ人望も学識も高かったようである。学寮に顔を出す者はもちろん、そうでない者も親鸞教学を学ぶ際に香月院の講義録によらない者はなかったのではなかろうか。高木顕明「余が社会主義」の言葉遣いにも何かしら香月院の口吻が漂うのである。この類似は、学寮系の教学に対立する相伝系の信仰理解を挟んで考えると、顕明が学寮系の教学をしっかりと受け止めていたことを証しているのではないかと思われる。

四、親鸞浄土教と往還二回向

さて、真宗思想（親鸞思想）の特徴は外から見れば神祇不拝や国王不礼であるが、内から見れば明らかに現生正定聚の思想である。近代教学においては神祇不拝の強調は見られないものの現生正定聚は強く主張されているように思われる。それは、現生正定聚の枠を超えて「現生往生」の主張と見間違われるほどである。(18) 現生正定聚とは何であるか。

現生正定聚とは何か

正定聚という概念、あるいは、現生正定聚という概念とそれに密接に関係する往還二回向論をできるだけ正確に理解するためにつぎのことを確認しておきたい。

仏教とは自ら苦悩の解決法に目覚めたもの（仏）と成って自利を成就し、他者にも同一の目覚めを促す利他を成就する実践である。そして、目覚めに至る修行としては、心を静める「止」や対象を正しく見る「観」があり、これを「自利」とも「入空《にっくう》（空に入る）」とも言う。また、空観に沈積することなく他者を思いやる慈悲は「利他」とも「出仮《しゅっけ》」とも言う。正定聚とは、この止観・慈悲行を努め「自利利他円満の仏に（まだ成ってしまったわけではないが）成ることが定まった者」という意味である。ここまでなら阿弥陀如来や極楽浄土の概念は必要がない。しかし、正定聚の地位に就いて、さらに実際に自利利他円満の仏に成るにはそのための修行である「止」「観」を達成しなければならない。「止」「観」を達成することは容易ではなく、そのためには、それにふさわしい環境とそうした環境を用意してそこへ迎えとろうとする阿弥陀如来の力が必要だという考え方が生まれた。これが浄土教である。したがって、浄土を前提すると、正定聚とは浄土に往生した者のことを指すことになる。大無量寿経の下巻に「それ衆生ありてかの国に生ずれば、みなことごとく正定の聚に住す。所以は何ん。かの仏国の中には、もろもろの邪聚および不定聚なければなり」とあるのが教理上の根拠となる。浄土教の出現は自覚教である仏教を単なる救済教へと後退させたという側面もあるが、苦悩が生じる要因として自然及び社会環境が重視されることになり、苦悩の解決に社会変革を示唆する新たな仏教が生まれたとも言える。浄土と阿弥陀如来を前提とする仏教では、衆生が弥陀に礼拝し弥陀を讃嘆するなどの天親（世親。四，五世紀の人）の『浄土論』に示されたいわゆる五念門の前半の行を通して仏になることが保証された浄土（別の言い方をすれば、正定聚の地位を保証する浄土）に死後に往生して「止」「観」の行を成就して仏と成って自利を達成し浄土から門を出て他の衆生を利他する者となっていく。阿弥陀如来と浄土の介在はあるものの、また、往生するのが来世であれば浄土から門を出るのも当然来世であるとしても、衆生が自ら自利利他の実践をするという仏教の基本線から外れているわけではない。

ところが、親鸞浄土教においては、浄土に往生してこそ得られる正定聚の地位が現生で得られると主張される。この主張には経典や天親『浄土論』、さらには曇鸞の『註』にもその直接の根拠はない。ただし、現生正定聚の思想は、往生それ自体が現生で成立するという思想ではない。往生や成仏は現生の利益ではない、未来の利益であるにすぎないという思想である。伝統的にはこれを現《げん》当二益《とうにやく》という。親鸞が往生や成仏までをも現生に持ってこなかったのは、浄土教思想の流れに忠実であったためともいえるが、正定聚に住すという、差別と殺戮の現実を解決する希望こそが現実に生きる力となるのであって、現に往生しているだの成仏しているなどという言説はただの魔法・阿片にしかならないと自覚していたからだと思われる。とはいえ、往生・成仏が未来（死後）の利益だとすれば、論理的にはその後に成立するはずの浄土から娑婆に還って他の衆生を済度する還相も当然未来の利益ということになる。その場合、顕明の「他方国土へ飛び出して」との整合性はどうなるのかが問題とならざるを得ない。このことについては、あとで詳しく論ずる。

現生正定聚と往還二回向

親鸞がこの現生正定聚の着想を得たのは、天親『浄土論』の解釈書を顕した曇鸞の『浄土論註』の往相・還相の二種の回向の説による。往相とは衆生が浄土へ往く相《すがた》、還相とは衆生が浄土から飛び出して他の衆生を利他教化する相《すがた》を言うが、この思想の流れを理解するためには、①『浄土論』から②『論註』、そして③親鸞の『教行信証』および『浄土文類聚鈔《じょうどもんるいじゅしょう》』『浄土三経往生文類《じょうどさんきょうおうじょうもんるい》』、さらに最後の④『入出二門偈』や『如来二種回向文《にょらいにしゅえこうもん》』という四段階の議論の展開を整理したうえで解釈せねばならない。

まず、①の天親『浄土論』においては、五念門・五果門のすべてを善男子・善女人、あるいは、その延長線上の浄土の菩薩および浄土からこの生死の現実に還ってくる菩薩の行として描かれている。五念門とは、礼拝・讃嘆・作願・観察・回向の五門、五果門とは近門・大会衆門・屋門・宅門・園林遊戯地門であり、礼拝行の功徳を積むことによって阿弥陀如来に近づく近門の果を得る、称名・讃嘆の行を因として正定聚の数に入る大会衆門の果を得るという関係になっている。すなわち、五念門が因、近門・宅門などの五種の門が果である。このとき、五念門の前四門は智慧によって「空」「真如」「涅槃」に入る門で自利、第五の回向門は慈悲によって「仮」に出る門で利他となる。果の五門においても同様に前四門は入で自利、第五の園林遊戯地門は出で利他となる。入出というのは「入空出仮《にっくうしゅっけ》」のことで浄土に入ることと浄土から出ることを必ずしも意味しないが、入空は涅槃に入ることや真諦に入ることを意味し、智慧の完成を意味して涅槃の城に入るイメージであり、出仮は俗諦に出て慈悲の実践としての衆生済度に向かうことを意味するから、生死の世界に還るイメージでもある。したがって、『浄土論』の入出を浄土への往相還相としてイメージすることはあながち間違いとは言えない。

ところが②『論註』において曇鸞は、因の五念門の最後の回向門の中に往還の二相があると言っている。[19]つまり、出仮、すなわち、利他行の中に自利（＝入空）の意味をはらむ往相と利他（＝出仮）の意味をはらむ還相の両方があると言いだしたのである。それは、曇鸞が「回向の出所を考えると（覈求其本）、人間ではない阿弥陀如来だとするほかはない」とみなしたからである。これは、人間が智慧（入空、自利）と慈悲（出仮、利他）を円満に目指すという仏教本来の道（自力聖道門）の困難さに直面して、方便法身阿弥陀如来と彼の土の極楽浄土を想定する浄土教としては当然のことではある。すなわち、礼拝讃嘆等の五念を行ずる主体はたしかに浄土願生の行者たる善男子・善女人であるが、善男子・善女人に（あるいはむしろ、浄土願生など思いもしない煩悩成就の凡夫にこそ）そう仕向けた（増上縁となる）のは弥陀の本願なのだという視点を持ち込んだのである。

　これを受けて親鸞は③『教行信証』および『浄土文類聚鈔』『浄土三経往生文類』などで、五念門のうち、曇鸞が弥陀の本願を増上縁とするとした回向門を前四門からとりあえず切り離して[20]回向の主体を浄土願生の行者たる善男子・善女人ではなく弥陀如来へと転換してしまった。それは、『大経』下巻の十八願成就文の「諸有衆生聞其名号信心歓喜乃至一念至心回向願生彼国即得往生住不退転」の全体の主語である「諸有衆生（あらゆる衆生、すなわち、『浄土論』の善男子・善女人）」が行う「信心歓喜乃至一念」や「願生彼国即得往生住不退転」から「至心回向」のみを除外しこれに「（至心回向）したまへり」と訓点を打つことで実行されたのである。この（中国語テキストからは無理というほかはない）訓点は『浄土文類聚鈔』『浄土三経往生文類』において施されている。この、回向の主体だけを阿弥陀如来に転換したことの説明としては、香月院深励の「往還二相は衆生に約して名を得るなり。廻向の言は弥陀に約して、衆生が娑婆より浄土に往生する往相も、浄土から立ち還りて、衆生を済度する還相も、皆な弥陀の他力廻向なり。それを二種の廻向と云ふ」「往還の二相は衆生にばかりあり。廻向と云ふは、如来にばかりある」[21]が絶妙のものとなっている。すなわち、この説明において衆生自身が弥陀の他力回向によってではあるが（つまり、衆生の自力で行なわれるわけではないが）往生浄土（往相）を果たしそれによって他の衆生を利他教化する実践（還相）を果たすということが明らかにされているのである。前注8で述べたように、香月院は衆生が自利利他を成就するという言葉遣いには慎重であるが、意味的にはそういうことになる。衆生が自利利他すると言ってしまえば、『論註』の射程を逸脱してしまうからである。『浄土論』においては（浄土への）入出という言葉は使われるが往還という言葉はない。往還はあくまでも『論註』の用語である。しかも、それは『論』の五念門の中の出の門とされる回向門について言われているのである。だから、香月院の言葉遣いはこの「逸脱」を回避しつつ『論』と『論註』の双方の主旨をあやまたず述べる絶妙のものとなっていると言えるのである。自利利他の実践を衆生自身が成就するという『論』の主旨を否定してしまうと、浄土教は自覚覚他の仏教であることをやめてしまわねばならぬ。だからといって、衆生の往還は如来の本願力（回向）によるのだという『論註』の主旨を否定してしまえば、阿弥陀も浄土も必要なくなり、曇鸞が言うように「本願は徒《いたずら》に設けられたもの」となってしまうだろう。

五念門を修行するのは誰か

さて、『論』においては、回向門は他の前四門と並べて善男子・善女人（諸有衆生）が主体となる行である。回向門の主体だけを如来に変換するわけにはいかない。そこで親鸞は五念門・五果門のすべてを因位の法蔵の所修および果位の阿弥陀の得果としてそれを衆生に回施・回向したという本願力回向の説を確立した。このことをだれの目にもわかるようにしたのが晩年の著作④『入出二門偈』である。香月院は『入出二門偈講義』においてこれを「錦の衣（五念門は本来法蔵所修という隠された意義を持っていることの譬）の上に着た白の単《ひとえ》（五念門が表面的には行者所修と顕されていることの譬）をとりのけて浄土論の幽旨（つまり、五念門の法蔵所修）を表へあばき出して[22]」と巧みに説明している。親鸞は『二門偈』においては、回向だけでなく礼拝・讃嘆などの前四門もすべて阿弥陀（というよりはその因位の法蔵菩薩）所修の行とする訓点を施している。その際に根拠としたのが、論の表面に顕れた浄土の願生者所修の行である回向の出所を考えると（覈《まこと》に其本を求めると）弥陀の増上縁にあるという曇鸞の説明の中に出てくる「他利利他の深義[23]」である。これも香月院の説明を借りると「論註の他利利他の深義が出て白の単の裳裾を翻して錦の衣装が見えてくる」ということになる。

しかし、だからと言って白の単が捨てられてどこにもなくなったのではない。白の単を捨ててしまうのであれば、なにも『論』や『論註』を引用して述べる必要はない。およそ親鸞の漢文作品の基本的特徴としていえることは、漢文のテキストを引用しながらそれに独自の訓点を施して両義性を持たせることである。そうした例は枚挙にいとまがない。そこで香月院は、白の単をはぎ取った『入出二門偈』にも、両義性があって五念門の行者所修が消えないのだと解釈している。[24] また、こうした本願力回向説の根拠となった「他利利他の深義」を、白の単たる「善男子・善女人（一切衆生）が他の衆生を利他すること」を単純に否定する意味に解釈することも戒めている。他利利他の深義というのは、本来、利他について衆生と弥陀との関係だけをとらえれば、弥陀からいえば利他・衆生からいえば他利ということにすぎないのであるが、ここから利他するのは弥陀だけであって衆生は他の衆生を利他することはないという誤解が生まれる。また、利他が成就してこそ自利も成就するのであるから、衆生に利他がなければ衆生には自利もないという止めどもない混乱が生ずる。後に述べる近代教学における「衆生の還相（回向）はない」という誤解はこれと同根の誤りである。ただ、この「誤解」にはそれなりの根拠らしきものもある。たとえば親鸞晩年の著作『如来二種回向文』の還相回向について述べる部分の「これは如来の還相回向の御ちかいなり。これは他力の還相回向なれば、自利・利他ともに行者の願楽《がんぎょう》にあらず」などがそうである。[25]『論』で使われている自利利他は顕文としては善男子・善女人あるいはその延長線上にある菩薩の自利利他であるが、白の単をはぎ取った本願力回向の立場から言えば法蔵菩薩・阿弥陀如来の自利利他となる。だから、「自利＝入」「利他＝出」は行者（衆生）の直接の希望（願楽）ではなく如来の回向なのだということになる。しかし、それだけでは、白の単は何のためにあったのかわからない。そこで、香月院は（ということは、「親鸞は」と言ってもさしつかえないと思うが）衆生や行者が主体となる場合は「自利＝入」という言葉を使わず「自利＝入」の意味やイメージをはらむ往相という言葉を使用し、同じく「利他＝出」は衆生主体では使わず「利他＝出」の意味やイメージをはらむ還相とか済度という言葉を選ぶのである。そうすることによって、白の単と錦の衣の二重構造・両義性・一文両義が貫徹するのである。

自利利他の「深義」

私たちは、親鸞の本願力回向の思想に感激するあまり、それを「覆っていた」論・論註の白の単を忘れてしまいがちであるが、それでは、天親・曇鸞の仕事やその根拠となった釈迦の仕事を全部忘れてしまうことになる。白の単は、歴史上の釈迦が、誕生の際の「唯我独尊」から遺言の「自灯明」にいたるまで四六時中口にしていた「自己こそ自分の主である。他人がどうして自己の主であろうか。自己をよく整えるならばこの上ない主を得るであろう」（ダンマ・パダ）という自利成就と、殺し合いを強いられるような人間同士の支配被支配を築かないための「ころしてはならぬ、ころさせてはならぬ」（同）という利他成就の両立、すなわち、自利利他円満の行事成就を象徴している。すなわち、白の単は、個の尊厳と他者との対等な交流の両立という仏道成就のイメージなのである。もちろん、それは下の錦の衣が現れなければ絵に描いた餅に過ぎなかったかもしれぬが、餅を無為徒食して餅を描いた人たちの歩みを無視するようなことをしてはならない。衆生と衆生の間にもいかに困難であれ利他ということは当然ありうるし、そもそも仏教とはそうした互いの自利利他円満を意味していたのである。というよりは、むしろ、弥陀や浄土往生というイメージとは、衆生同士の自利利他円満を可能ならしめる「想定」なのである。衆生を無力な受動者として恐縮させるための想定ではない。

香月院は、自身の論註講義『註論講苑』[26]において、「他利利他の深義」について、すぐにはその意味が分からぬから吾祖は「深義」と仰ったのだ、末学が軽々しく論じてはならぬと戒めている。また、この「深義」を「衆生が他の衆生を利他することはありえない」つまり、「衆生が利他の主語になることはない」という意味に理解する必要がないことを確認している。その方法はこの「深義」に登場する「他利と利他と、談ずるに左右あり」という一節についての文献実証なのである。まず、「他利と利他」については、『勝思惟経論』という『浄土論』と同時期に菩提留支（？－五二七）という同翻訳者によって訳出されたテキストを用いて、この中で他利と利他が交換可能な言葉として使用されていることを確認する。同翻訳者の同時期の翻訳で、一方（『勝思惟経論』）では他利と利他が同義、他方（『論・論註』）では全然別の意味ということはありえない。「然れば他利と利他とは一体の異名で菩薩の衆生済度のことを他利と云ふ也。阿弥陀如来と衆生に限りて他利利他と云ふことがあるではないこと此の『勝思惟経論』にて知るべし[27]」とある。つまり、『論註』においては他利も利他も阿弥陀如来が衆生を利他することを意味するが、『勝思惟経論』では他利も利他も菩薩が（つまり、「如来が」ではなく、ある意味衆生の延長線上にある存在が）他の衆生を利他することを意味している。だから、『証巻』冒頭の親鸞自身の言葉「利他円満の妙位」や同じく『証巻』還相回向の箇所に述べられた「利他教化地の益」において利他の妙位に達するのも他の衆生を利他教化する地位に就く利益を得るのも衆生自身であると考えて何の不自然もない。『論』『論註』の文脈を離れても、いかなる場合も、利他の主語は如来でなければならぬと親鸞が考えているわけではないこと[28]を示唆しているのである。

これらのことをまとめると、「自利＝入」と「利他＝出」ということに関しては、どの場面でも問題ないのだが、曇鸞が用いた「往相還相」については、全体として「自利利他」または「入出」と同じという意味はあるが、往還が「利他＝出」に限られた回向門に配置されている以上、「往＝入」や「往＝自利」、また「還＝出」や「還＝利他」とただちには言えないことになる。しかし、往相に入や自利の意味、還相に出や利他の意味がはらまれているのは当然のことである。それを矛盾なく説明しようとすれば、「往還の二相は衆生にばかりあり。回向と云ふは、如来にばかりある」

ということを了解するほかはないのである。そして、「他利利他の深義」とは、他利と利他は基本的に同じ意味であるが本願力回向の話題のときに限定して使うものと考えておかねばならない。すなわち、本願力回向の話題においては、他である衆生が利益されることなので、衆生から言えば他利、弥陀から言えば利他というにすぎない。「他利と利他と、談ずるに左右あり」とはそういう意味であって、両者がまったく異なるとか、利他は弥陀如来だけの専権であって衆生が他の衆生を利他することはないなどと考える必要はないのである。香月院はこの「左右あり」についても、著者・曇鸞と同時代のさまざまな文例を挙げてまさに字義通りの方向性の違いしか意味しないことを説明している。私は、こうした文献実証主義的手法は近代的学問において必須のものだと思うが、近代教学者にはあまりこうした手法は見られないように思う。

煩悩成就の凡夫・生死罪濁の群萌には聖道の諸菩薩の「入空出仮」と同じ意味の「自利利他」はないが、弥陀如来の本願力回向によって、かならずこの穢国に還相し主体的に「有縁々々の衆生を済度する（＝利他する）にいとまのない身となる」のである。「他利利他の深義」を解し損なってはならない。

香月院は釈迦が生涯をかけて伝えた人間の主体的な行為をけっして放棄しないのである。

五、高木顕明の還相回向理解と親鸞思想

以上、香月院に代表される伝統教学は、衆生が他の衆生を（利他するという言葉使いはあまりないにしても）済度することを認めていることがわかった。つまり、高木顕明が言う「（顕明や私たちが）他方国土へ飛び出して有縁々々の衆生を済度するにいとまのない身となる」ことを認めているのである。[29] 私たちは、本章の第二節で「余が社会主義」と親鸞自身の往還二回向思想との異同について、顕明と親鸞が合致していると主張するにはつぎの二点が必要ではないかと確認した。すなわち、第一点は「往還する主体はわれら凡夫である」こと、第二点は「還相回向もまた現生に成立している必要があるかのように見受けられる」ことであった。ここまでで第一点はクリアされたと言っていいように思われる。

第二点の方はどうであろうか。顕明は、日露戦争の時期を生きて非戦論をとなえた。私たちは二〇一五年に安保法制、いわゆる戦争法が成立し、もはや戦後ではなく新たな戦前かもしれない時代を生きている。伝統教学は私たちの非戦論を認めているように思われる。しかし、そのためには衆生が還相するのも現在のことだと言わねばならないのではないか。親鸞はそんなことを言っているだろうか。近代教学者の中には現生に住正定聚が成立するだけでなく往生自体も現生に成立するか

のような表現をして注18で紹介した小谷信千代から批判されている論者もあるが、かれらのなかにはそもそも衆生が還相することを認めないような論者もある。一方、伝統教学においては、往生は来世のこと（正確に言えば、「往相の開始は現生であるが終着点は来世のこと」）であるから還相も当然来世のこととなり、一見すると顕明の立場とは相いれないようにも見える。私自身も以前は還相回向が来世（死後）にしか成立しないことについて不満を感じ、それが「封建」教学なのだと漠然と考えていた。しかし、香月院の解釈を丁寧に読めばわかるのだが、伝統教学が往相回向の終着点である「利他円満の妙位・無上涅槃の極果（『証巻』）」の成立や還相回向の内容たる「利他教化地の益（『同』）」の成立をけっして現生に認めないのは、いま私たちがいるところは極楽浄土ではなく、自分や自分の師や指導者が、自利利他円満の仏、あるいは、仏と一体の身などではないことを忘れぬためである。すなわち、今が帝国戦争の開始時期（顕明）あるいは戦争法の成立によって新たな戦前を予想させる時期（今日の私たち）であって、私たちは偽りの平和と繁栄に惑う「わが身可愛いだけの煩悩成就の凡夫[30]」であることを忘れぬためである。これを忘れてしまうと「今は実現していないがけっして実現をあきらめない」という主旨の現生正定聚の思想が「今実現した気分になる」、つまり、差別と殺戮のただなかにあるにもかかわらず「絶対者と一体化したような気分になる」思想へと転落してしまうのである。この気分は、「平和な時にも戦争のときにも揺るがぬ信心」とか「病気であっても息災であっても変わらぬ安心」などと表現すれば、戦争や病に苦しむ人間を救う宗教のようにも見えるが、けっしてそうではない。単に平和と平等の希望を失ったものの嘆きにすぎないのである。これをマルクスは「民衆のアヘン」と言ったのである[31]。

実際、私たちが暮らす娑婆世界には平和も平等もない。にもかかわらず、私たちは真の平和と平等をけっしてあきらめることができない。つまり、真の平和と平等への希望というものはわが身可愛いだけの私の即自的な願いというわけにはいかないが、私たちの中に確かにあるとしか言いようのない願いなのである。この、私たちの願いの出所を求めれば（覈に其本を求めれば）弥陀の本願としか言いようがない。別の言い方をすれば、私たちの願いが純化されたものを本願というのであろう。如来の本願という言葉を用いたからと言って、私たちの願いであることや私たちの実現であることが消え去ることはけっしてあり得ない。私たちが私たちの仲間を済度するという意味、つまり、互いに励ましあいながら共に平和と平等の極楽浄土に向かう生き方をするという意味はけっして消えないのである。だから、香月院は「往還の二相は衆生にばかりあり」と言ったのである。しかし、そうさせたのはわが身可愛いだけのこの私ではなく阿弥陀如来の本願がそうさせたとしか言いようがないではないか。だから同時に「回向と云ふは、如来にばかりある」と付け加えることを忘れなかったのである。私たちが非戦論者として振る舞うことができるのは未来に（来世に）約束された利他円満の妙位と無上涅槃の極果、それに利他教化地の益をけっしてあきらめることができないというこの現実があるからなのだ。この「約束」は今（現生に）如来から回向されている。このことを「現生正定聚」と言うのである。私は今現生正定聚・極楽の人数・極楽の分人であるからそういう生き方ができるのだ。還相の利益を此の土で得ることはないというのは、未来に必ず成就させようということであって、この世の煩悩成就の凡夫・生死罪濁の群萌が「無辺の生死海を尽くさんがため」に「連続無窮にして休止せざらんと欲す」（『教行信証・後序』取意）ることを意味する。まさに、いとまがない身となるのである。このように生きるということは、現生に往生が成立しているとか、ましてや、今還相が成立しているなどというぬぼれとは逆のことである。

この説明は、顕明の「自分の還相が今現在成立しているかのような主張」と矛盾しない。

六、近代教学の還相回向理解

一方、近代教学においては、明確に衆生の還相を否定する人たちがいる。もっとも、この人たちが否定しているのが、還相回向ということなのか、回向は否定しないが還相だけを否定しているのか判然としないのだが。私は、高木顕明の「余が社会主義」を解釈する自著『極楽の人数』の「補論」において、衆生の還相を否定する（あるいは疑問を呈する）論者として寺川俊昭を批判した。その際にも紹介したのだが、寺川はその著[32]で香月院の往還二回向理解（往相還相は衆生にばかりあり、回向は如来にばかりあり）をはっきり否定している。本章では寺川と同趣旨の主張をする本多弘之の説を批判的に紹介することによって彼らの主張が高木顕明と相いれないだけでなく、親鸞の主張ともそぐわないことを明らかにしようと思う。俎上に挙げるのは、本多『浄土と阿弥陀仏——大無量寿経講義　第二巻』（法蔵館、二〇〇九年）である。

衆生の還相を否定する近代教学の理解

この本多の著書は、講義録スタイルで記されており、随所にその誠実な人柄がにじみ出ている好著であると言っていいが、その還相回向理解を私は到底受け入れることはできない。そこで、同書四二頁から九四頁の、親鸞が「還相回向の願」と名づけた第二十二願についての解説だけを対象にする。このなかで、本多は「昔からの了解は、回向は如来だけど往相・還相するのは衆生の相だという了解でずっと講録が通っていますから、皆そう考えた。けれどもそれはおかしい」（七五頁）と言う。本多は寺川のように香月院の名前を挙げていないが、「昔からの了解」とか「ずっと講録が通っている」というのだから、挙げるとすれば当然香月院ということになるのだと思う。ところが、香月院の主張を否定しているのだと思って読んでいると、意味不明の文章が出てくる。こうである。

> 還相回向とは、如来の還相回向である。それでは、どういう用きを還相回向と私どもがいただくことができるか改めて読み直していくべきではないかと思います。自分が還相回向すると読

んではいけないのです。我々は愚かな罪悪深重の衆生だと本当に目を覚ます。そのために教えが開かれている。（同前、八一頁、傍点菱木）

本多が「（還相回向とは）我々は愚かな罪悪深重の衆生だと本当に目を覚ます」ことだと思っているというだけなら、それはそうですかというだけでいいが、先に香月院の理解が間違いだと言っておいて、これでは意味不明と言わざるを得ない。

はじめに、本多が「読んではいけない」という「自分が（衆生が）還相回向する」という文言について考察する。そもそも「自分が（衆生が）還相回向する」などという読みをだれがしたのか。そんな者は存在しない。香月院は「自分が（衆生が）還相する」とは言うが「自分が（衆生が）回向する」とはけっして言わないのである。本多も寺川も香月院の往還二回向理解がおかしいとか間違っているとか言うのだが、どこがおかしいのかどこが間違っているのか説明しきれていない。本多は、真宗門徒たるものは、高木顕明の言うような「非開戦論者となったり社会の制度をどしどし改良することをめざし」（いずれも「余が社会主義」にある言葉）たりせず、ひたすら清澤満之が言う如く「社会に不足弊害があっても敢えてこれを正そうとはせず、自分の心の至らないことを問題にする」（いずれも清澤「精神主義」の言い方）べきだと言いたいのだろうか。たぶんそうだと思う。しかし、そういうことを言いたいのだったら香月院を批判したり親鸞を持ち出す必要はない。釈迦も親鸞も香月院も、殺し合う世界を批判しそれを正し克服しうるものとして仏道を考えているからである。「愚かな罪悪深重の衆生だと本当に目を覚ますこと」が「不足弊害を正すこと」よりも大切だと言いたいならば、「清澤の考え方から言えば」とか「精神主義の立場からは」と言えば済む話である。

つぎに、この箇所の本多の「還相回向とは、如来の還相回向である」という文言についても考えてみよう。これもそもそも「如来の還相回向」などとだれが言ったのかということになるが、「如来の還相回向」という言い方はできなくもない。ただし、それを「自分が還相回向すると読んではいけない」とセットで言うとすれば、やはり、だれがそんなことを言ったのかということになるだろう。つまり、「如来の往相回向」とか「如来の還相回向」というのは、「如来の、衆生が浄土に往相することについての回向」「如来による衆生が穢国に還相して他の衆生を済度することについての回向」という意味でなければならないからである。この意味をしっかり了解してなおこれを否定したいならば、「だから自分（衆生）が回向すると読んではいけないのです」と受けなければならない。それならば意味は通ずる。しかし「自分が還相回向する」というのは間違っているとか正しいとかいう前に「ずっと通っている講録」「昔から」の了解では意味をなさないのである。「自分（衆生）は還相するが回向はしない。回向するのは如来である」というのが「ずっと通っている講録」「昔から」の了解なのである。寺川、本多の往還二回向説とは「往還二回向というのは、如来の往相回向と如来の還相回向との二つがあるので、衆生が還相して他の衆生を済度するのではない」というものだと思われるが、これが理解できる人はいないと思う。問題はその二つある回向の往相とは誰がするのか、還相とは誰がするのかなのであるからだ。本多が「往相還相するのは衆生ではなく如来である」とはっきり述べたとすれば、「如来の還相回向」はそれなりにはっきりとした意味を持つが、それは香月院によれば「『浄土論』『論註』にないばかりではない、我祖の漢文和語の聖教に一向ないことなり」であって「当流の大邪説[33]」であるとされる。この説を立てると、五念門を行者所修と法蔵所修の両面から見るという親鸞の往還二回向論の骨格を崩してしまうので、親鸞思想の解釈としては表立っては誰も言わない。この説は本章第三節（六七頁）と前注29に触れた相伝系の教学にはあるのだが、こうした神秘主義的阿弥陀如来理解は法然・親鸞ともに厳に慎んだところであり、それゆえ香月院が「大邪説」と厳しく批判するのである。この問題については次章以下に譲りたい。

　私は、寺川も本多も香月院の講録を実際には読んでいないのではないかと疑っている。というのは、本多の「自分が（衆生が）還相回向すると読んではいけないのです」というセリフが出てくる場所に注目するからである。彼は親鸞の往還二回向説が『教行信証・信巻』の欲生心釈に出てくることを強調・紹介しつつこの「……読んではいけないのです」という説教をしている。しかし、『教行信証・信巻』の欲生心釈こそが香月院の「往相還相は衆生にばかりあり、回向は如来にばかりあり」の根拠であるからだ。

香月院の往還二回向の解釈

香月院の往還二回向に関する解説はその著作のいたるところにある。主なものを挙げると、①『入出二門偈講義』の入出二門偈という題号の解説で入出と往還の異同の問答をたてている部分（注22に挙げた和綴じ本一巻二十六丁左）。②『教行信証』の講義である『広本会読記』の「謹案浄土真宗有二種回向」の解説（真宗大系第十三巻）。③同前「信巻」欲生心釈に論註の往還二回向が引用されていることについての解説（大系第十五巻）。④『浄土文類聚鈔講義』（京都書林・西村九郎右衛門、明治二十一年和綴じ本）の文前玄義。⑤『註論講苑』の文前玄談（続真宗大系第二巻、または法蔵館復刻版『浄土論註講義』）。⑥同前「起観生信章」の「門者入出義也」の解釈及び「云何回向（回向門）」の解説の部分。同前「他利利他の深義」に関する解説（続真宗大系第三巻、または法蔵館復刻版『浄土論註講義』）などである。

この中で最も重要なのは⑤⑥である。往還二回向という概念が曇鸞によって導入されたのがまさにこの個所だからである。だから、香月院の「往相還相は衆生にばかりあり、回向は如来ばかりにあり」という解釈を批判しようとすれば、『註論講苑』を精読する必要があるし、とりわけその中でもこの⑤と⑥を読まなければならない。以下、それを紹介しようと思う。

曇鸞は『浄土論』「起観生信章」にある天親自身による回向という概念の解説、すなわち、「云何廻向不捨一切苦悩衆生心常作願廻向為首得成就大悲心故（いかんが回向する。一切苦悩の衆生を捨てずして、心につねに願を作し、回向を首となす。大悲心を成就することを得んとするがゆゑなり）」を註するにあたって「回向に二種の相あり。一には往相、二には還相なり。往相とは、おのが功徳をもつて一切衆生に回施して、ともにかの阿弥陀如来の安楽浄土に往生せんと作願するなり。還相とは、かの土に生じをはりて、奢摩他・毘婆舎那を得、方便力成就すれば、生死の稠林に回入して一切衆生を教化して、ともに仏道に向かふなり。もしは往、もしは還、みな衆生を抜きて生死海を渡せんがためなり」と述べた。香月院はこの曇鸞の還相の説明として出てくる「かの土に生じをはりて、奢摩他・毘婆舎那を得、方便力成就すれば、生死の稠林に回入して一切衆生を教化して、ともに仏道に向かふ」という句に注目する。「奢摩他・毘婆舎那を得、方便力成就すれば、生死の稠林に回入して一切衆生を教化」というのは『論』の果の五門の第五の園林遊戯地門の言葉[34]である。だから「これは回向門を浄土に約して釈し給ふ。即ち果の五門の中の第五の園林遊戯地門で釈し給ふなり」と解説する。また、「生彼土已（かの土に生じをはりて）」については、「還相をこの土でうるといふ事はない事ぢゃによって」と注意する。

そして、因の五念門の中にある第五の回向門の解釈になぜ果の第五の園林遊戯地門の言葉が出てくるのかについて詳細な解説が始まる。つまり、死後に「他方国土へ飛び出して有縁々々の衆生を済度するに間隙のない身」となる話が、なぜ今はただ「現生正定聚・極楽の分人・極楽の人数」にすぎない「南無阿弥陀仏を唱える人」にもたらされることと混ざり合うように説かれるのかということである。私は、この個所こそが、香月院が、われら煩悩成就の凡夫・生死罪濁の群萌が「現生正定聚・極楽の分人・極楽の人数」であることの真の意味を説いたところだと思う。以下、香月院の解釈をほぼそのまま引用する。（『続真宗大系』法蔵館復刻版、一九七三年、四六一頁上一一行〜四六五頁上二行）

「とき、この論註の御釈今因の五念門の中の第五の回向門を釈する処へ、果の第五の園林遊戯地門を引き上げて往還二回向をのべ給ふはなにゆえぞと云ふに、古来の註家みな此処が合点ゆかぬとみへて」いろいろな説を述べている。香月院は「みな知らずして解をなすものと見へるなり」と断言する。ではどのように解釈するか。これには、「論註の顕文によりて」解釈するのと「我祖の発揮し給ふ深義を以て解す」の二通りがある。論註の顕文によりて解するというのは、曇鸞がこの部分を「因中説果従果示因（因中に果を説き果によりて因を示す）」の説相にしたからだと。「それはなぜと云ふに、いま明かす処の回向門は娑婆の凡夫の利他回向を明かすのぢゃに、この論文に『不捨一切苦悩衆生』とある。娑婆の造悪の凡夫が苦の衆生を済度したいと云ふ利他の行が修せらるゝものではない。又『廻向為首得成就大悲心』とあれども、我身がちな凡夫が大悲心を成ずるなどと云ふ事はない事なり。よりて鸞師の思召しはこれは娑婆の凡夫の利他ばかりを明かしたではない浄土に生じ終りての還相回向の利他までを並べ明かした論文とみ給ふなり。とき因の回向門を明かす処へ果の還相をのべ給ふは何故ぞといへば、此処が因中に果を談ずる処なり。若し娑婆の凡夫にばかり約するときは利他回向の相が説かれぬなり。よりて浄土の果に従へて因の回向門の相を知らしむる従果示因の説相と見給ふ故、因の回向門の下へ因果の回向を並べ挙げて往相還相の二種の回向との給ふなり」。

この個所は極めて重要である。天親はもちろん曇鸞もまた、凡夫に自利利他円満などはあり得ぬから、凡夫はおとなしく目上の人に従って殺せと言われた時には、偉そうに非戦・反戦などと逆らわず己を捨てて従えなどとは言わぬのである。この世では単に正定聚にすぎない凡夫が、往生して自利利他円満の仏の気分になるとか、世の中に差別と殺戮があふれているにもかかわらず、自分は罪悪深重の凡夫だとうそぶいて安心の境地に浸っていればいいなどとは言わぬのである。自障障他になる凡夫にこそ自利利他円満が実現せねばならぬと考えているのである。だから、因の時点においても果の自利利他円満の相を説いたのだと。そう説かなければ、「相互に野心に満ち、悪魔のために人間の本性を殺戮されているこの苦界[35]」において仏道を成就する希望をそがれてしまうからである。そう説かなければ、世の中に「不足弊害があってても敢えてそれを正そうとせず[36]」とか「我々は愚かな罪悪深重の衆生だと本当に目を覚ます[37]」だけの気分に沈んでしまうからである。これが天親・曇鸞が明らかに示したところである。この曇鸞の着想に心からうなずくためには、「二に我祖の発揮し給ふ深義」を待たねばならないが、それはすぐ示される。煩悩成就の凡夫・生死罪濁の群萌でも、あるいは、煩悩成就の凡夫・生死罪濁の群萌だからこそ、他の衆生を利他したいのである。互いに励まし合って、普く諸々の衆生と共に安楽国に往生する生き方を実現したいのである。それ（真の利他）こそが真の自利であることは、いつも自障障他している自分であるからこそよくわかっているのだ。

　では、「二に我祖の発揮し給ふ深義を以て解するときは」どうなるか。この場合は「他利利他の深義」によって因の五念門も果の五門も悉く法蔵所修ということになる。しかし、法蔵菩薩はだれのために因果の五門を修したのか。それはすべて衆生に回向するためである。「衆生が娑婆で信心を得て浄土へ往生して大涅槃をさとるまでは往相、さて還相と云ふは浄土から生死海に回入して衆生を済度し給ふ、この往相も還相もみな《ママ》の弥陀本願力の回向なるが故に、『略文類』の文に往還を明かし終りて、『若往若還無有一事非如来清浄願心之所回向成就也』との給ふ」。法蔵菩薩が往相するのではないし、法蔵菩薩が還相するのでもない。往相も還相も衆生にあるのだ。その決定的な証文はつぎのように示される。ただし、「御訓点の付け替え」に関しては、菱木が傍点を付してわかりやすいようにした。

　扨て我祖『信巻』欲生心の下へこの論註を残らず引き給ひて、弥陀の回向の証文とし給ふ。この一段の文の内でたった一ヶ処、点をつけかへてあり、「己が功徳を以て一切衆生に廻施して云々」と云ふ処を「一切衆生に廻施したまひて作願して共に彼の安楽浄土に往生せしめたまふなり」とせり。論註の顕文では「共に彼の安楽浄土に往生せんと作願するなり」と点をつけて、今日願生の行者が自信教人信で衆生ともろともに弥陀の浄土へ往生したいと願ふ事になる。それを我祖は弥陀の回向をあかした文とし給ふゆへ、弥陀の御回向で衆生を浄土往生せしめ給ふ事になる。そこで「己が功徳」と云ふは弥陀の因位法蔵菩薩御自身の功徳の事なり。それを一切衆生に回施し給ふなり。「作願」してと云ふも法蔵菩薩のお願なり。「共に彼の阿弥陀如来安楽浄土に往生せしめたまふなり」。法蔵菩薩弥陀の浄土へ往生し給ふことはなし。往生と云ふは今日の衆生がこの度弥陀の浄土へ往生する事なり。そこで此処の点を「往生せしめたまふなり」とつけ給へり。これ弥陀因位のご自身の功徳を衆生へ回施し給ひて、それで衆生を安楽浄土へ往生せしめ給ふ事が弥陀の往相の御回向ぢゃと云ふ文になるなり。還相の下は点をつけかへ給ふ事に及ばぬなり。なぜなれば、我祖にありても還相は今日の衆生が浄土へ往生しての還相ぢゃによりて顕文の通りなり。その還相を佛より回向し給ふと云ふ処が顕文とかはる処なり。そこで我祖「若往若還」と云ふ処で弥陀の回向にし給ふなり。然れば我祖にありては往相の回向還相の回向と云ふ、往相還相の名は、衆生についた名なり。なぜなれば、衆生が娑婆で信心を得て浄土へ参りて涅槃をさとるまでが往相、又穢国へまひもどりて衆生を済度するが還相、これ往還の二相は衆生にある事。とき、回向と云ふは弥陀にある事なり。その衆生の往相も還相も悉く皆弥陀の本願力で成就し給ひて衆生へ回向し給ふゆへ、「弥陀の回向成就して往相還相ふたつなり」と云ふなり。
（中略）『論』並びに『論註』及我祖のお釈でも往還の二相はたゞ衆生にある事なり。往相は衆生が浄土へ往生する事、還相は衆生が浄土へ生じて再び穢国へかへる事と云ふは『信巻』の御引文の御点あきらかな事なり。回向の言を我祖は弥陀の回向とし給へども、往還の二相を弥陀に約するといふ事は決してなき事なりと可レ知《知るべし》。

この部分が最も重要なところである。すなわち、親鸞は『信巻』欲生心釈で「往相とは、おのが功徳をもつて一切衆生に回施して、ともにかの阿弥陀如来の安楽浄土に往生せんと作願するなり。還相とは、かの土に生じをはりて、奢摩他・毘婆舎那を得、方便力成就すれば、生死の稠林に回入して一切衆生を教化して、ともに仏道に向かふなり。もしは往、もしは還、みな衆生を抜きて生死海を渡せんがためなり。」という曇鸞の文を引用したのだが、その時に「彼の土に生じ已る」のも「奢摩他毘婆舎那を得」るのも「方便力を成就する」のも「生死の稠林に入る」のも「一切衆生を教化する」のも全部衆生が行なうことであって主語を変える（訓点を付け替える）必要がないし、実際に親鸞は付け替えなかったのである。ところが、往相においては、「己が功徳を以て一切衆生に回施して云々」というところを「一切衆生に回施したまひて作願して共に彼の安楽浄土に往生せしめたまふなり」というように「回施」と「作願」の主語を変え（訓点を付け替え）てしまった。また、還相のところでは、「共向仏道」において「共に仏道に向かう」とせず、主語を阿弥陀如来に替えて「共に仏道に向えしめたもう」としたのである。だから、香月院の言うところ、「ともにかの阿弥陀如来の安楽浄土に往生」するのはもちろん、「奢摩他毘婆舎那を得て方便力を成就して（「余が社会主義」の「弥陀と違はん通力を得て」に相当する）」「生死の稠林に入って（同じく「他方国土へ飛び出して」に相当）」「一切衆生を教化する（有縁々々の衆生を済度する身になる）」のも間違いなくわれら煩悩成就の凡夫なのだ。もちろん、今現在は「正定聚になった・極楽の人数になった・極楽の分人である」というにすぎず大概のことは自利利他円満どころか自障障他にしかならぬことが多い。しかし、極楽の分人であるからには、共に浄土に向かう生き方は獲得できた。つまり、往相と還相の回向はいただいたのだ。浄土に向かう生き方とは、自利利他円満、すなわち、個の尊重と誰にも誰かを殺させない社会の実現に向かう生き方のことであろう。すなわち、香月院の言わんとするところ（もう「親鸞自身が言うところ」と言っても差し支えないと思うが）は、弥陀の回施・作願によって浄土に向かう生き方を得た（現生正定聚の益を得た）ということは、必ず穢国に還相して自分と同じ煩悩成就の凡夫・生死罪濁の群萌を励まし共に平和（無上涅槃）と平等を実践する生き方を得たということなのである。親鸞はそう言っている。そういう訓点の付け方をしたのだ。だから、わが身可愛いだけの自分たちにできるはずのない「還相して他の衆生を済度し利他教化する」ことができるのだ。なぜなら、それは弥陀の回向によるからなのだ、と。親鸞に依拠するならば、自分たちが回向するとは言えないが、「自分たちが還相する」と読まねばならないのである。香月院はそれを「『信巻』の御引文の御点あきらかな事なり」として説明している。これが、本多弘之が「自分が還相回向すると読んではいけないのです」と説教する部分についての香月院の解釈なのである。

七、結語――衆生は変革の主体か、救済の客体か

以上、「封建教学」と蔑まれることもある香月院の親鸞解釈は、衆生が還相の主体であることを強調する教学であることか明らかになった。還相とは、平等と平和の極楽浄土から差別と殺戮の渦巻く穢国へ還って平和と平等を構築するという利他行を成就することである。人間が還相の主体であることを強調するということは、人間が社会形成と社会変革の主体であることを強調するということである。だとすれば、ヨーロッパに発したヒューマニズム人権思想と軌を一にすると言えるだろう。還相回向が未来のこととしてしか語られていないのは、ヒューマニズム人権思想の成果である日本国憲法などの近代憲法が、今を生きる実際の人民が「人種、信条、性別、社会的身分又は門地により、政治的、経済的又は社会的関係において、差別[38]」され、「政府の行為によつて再び戦争

の惨禍が起こる[39]」現状のただなかにあるこの娑婆の現実を忘れず、だからこそ未来への希望として「法の下の平等」と「平和的に生存する権利」が約束されているのと同じことである。憲法に「法の下の平等」と書かれているから今ただちに平等が実現しているとか、「平和的生存権」が書かれているから平和だというようなことはない。むしろ、「この憲法が国民に保障する自由及び権利は、国民の不断の努力によつて、これを保持しなければならない[40]」のである。すなわち、国民は自由および権利を憶念し保持する主体なのである。同様に念仏衆生は平和と平等を実現する還相の主体となることが願われている存在なのであって、今は「南無阿弥陀仏を唱ふる極楽の人数（現生正定聚）」として「此の闇黒の世界に立ちて救ひの光明と平和と幸福を傳道する」大任務を果している[41]のである。

ところが、いわゆる近代教学は清澤満之の「社会に不足弊害があっても敢えてこれを正そうとはせず、不足があると見えるのは自分の心が至らないからだ（「精神主義」取意）」とする立場に代表されるように、人間を愚かな罪悪深重の衆生だと自覚することを通して阿弥陀如来という絶対者に救済される客体にすぎないと強調しているように思われる。

伝統教学は本当に封建的だったのか。そして、逆に近代教学の「近代」とは何だったのだろうか。改めて考え直さざるを得ない。

〈注〉

(1)清澤満之その人においては、好戦論とまでは言えないかもしれないが、雑誌『精神界』に深くかかわった暁烏敏についてはもはや議論の余地もあるまい。

(2)「真俗二諦」「二諦相依」という用語自体が近世後期、あるいはむしろ近代天皇制期になってから頻繁に使われるようになってきたのであり、近代教学に相対するものとして「封建的」と蔑まされる伝統教学が真俗二諦論の出所と簡単に決められない。この問題は稿を改めて検討することを期して、とりあえず天皇制迎合の一つの典型として「真俗二諦論」というものがあったという通説に従うことにする。

(3)この問題は、二法身(法性法身と方便法身)と二身(実相身と為物身)の異同にかかわるテーマであり、阿弥陀如来を単なる真如の一般的顕現としない伝統教学主流の教学(この後やや詳しく説明する高倉学寮系の教学、すなわち、香月院の教学)と合わせて論ずると興味深いのだが、次章に譲る。

(4)新野和暢『皇道仏教と大陸布教』(社会評論社、二〇一四年)の用語を借用。

(5)沖野岩三郎『生を賭して』(弘栄堂・警醒社書店、一九一九年)、『失はれし真珠』(和田弘栄堂・警醒社書店、一九二一年)など。

(6)引用は、菱木政晴『極楽の人数――高木顕明『余が社会主義』を読む』(白澤社、二〇一二年)に収録した顕明の遺稿を使用。訴訟資料を菱木が解読しそれに章題や小見出しをつけている。

(7)具体的には寺川俊昭および寺川が根拠だとする清澤満之批判である。同前『極楽の人数』にある「補論」(一二九頁以下)を参照されたい。

(8)この部分はかなり微妙で、香月院は衆生が還相して他の衆生を「済度する」ことは明確に認めているが、衆生が他の衆生を「利他する」という表現は『論』の自利利他と『論註』の往還の齟齬が生ずる場合を考慮して慎重になっている。後述で詳しく論ずる。

（9）中村薫『日中浄土教論争——小栗栖香頂「念仏圓通」と楊仁山』（法蔵館、二〇〇九年）、『楊仁山の「日本浄土教」批判——小栗栖香頂『真宗教旨』をめぐる日中論争』（同、二〇一六年）参照。

（10）法蔵館の前身・西村七兵衛刊。『真宗大系』目録にある「学寮講義年鑑」を見ると、「文化三年丙寅夏講　講師　深励　選択集」というのがあるから、香月院の一八〇六年の講義であろう。

（11）ここで私が「文献実証主義的」というものの具体的な例はこの後の議論の展開で多少示すことができると思う。親鸞の著作は、経典やいわゆる七祖の論・釈の引用からなっているが、引用元のテキストの文脈とは一致しない例がかなりある。「文献実証主義的学風」とは、この「齟齬」に対して、「すべて聖教を拝見するには、聖教の真面目をあらはすが肝要。尤も我家の宗義はまもらねばならぬ。宗義をまもりて而も聖教のありのまゝを窺ふようにしたいものなり」（香月院深励『論註講苑』、「続真宗大系」第二巻の法蔵館復刻版、一一頁上段）というように、引用元のテキストの原義（聖教のありのまゝ）と親鸞独自の解釈（我家の宗義）の双方を尊重して多数の文献を駆使して整合的に解釈しようとする学風のことである。これに対して近代教学に属する人びとは、説明不能、あるいは、説明放棄ともとれる親鸞の宗教体験なるものを持ち出して独断的解釈を施すことが多い。そして、学寮の学僧たちのこの粘り強い学風を、近代教学者は、文字面に拘泥する訓詁学と蔑んできたのではなかろうか。

（12）『相伝義書』全二〇巻として真宗大谷派出版部から出版されている。

（13）香月院深励述「広文類会読記」（『真宗大系』第一四巻、国書刊行会、一九七五年）参照。香月院からの名指しの批判を受けているのは相伝文書の内『深解科文』（真宗相伝叢書第一巻、方丈堂出版、二〇〇九年）。

(14)安藤弥「戦国本願寺『報恩講』をめぐって―「門跡成」前後の「教団」―」(『真宗研究』第四十六輯、二〇〇二年)など、安藤の戦国期真宗教団にかかわる諸研究参照。

(15)翻刻は、真宗大谷派大阪教区教化センターの紀要『生命の足音』二三、二四号(二〇〇七、二〇〇八年)及び合冊で二〇一六年六月に発行されている。

(16)このほか相伝系教学と近代教学の不思議な類似、相伝系教学と西山浄土宗教学との類似など追及すべき問題は多々あるが、前注2および3で述べたことと共に今後の課題としたい。

(17)松金直美「近世真宗東派における仏教知の展開―正統教学確立と異安心事件をめぐって―」(『真宗文化』第二二号、二〇一三年三月、真宗文化研究所)参照。この論文は、公巌の「異安心調理」を題材にしており、調理が単なる異解者の取り締まりではなく対話問答の機会でもあったことを明らかにしている。

(18)この「現生往生」という問題に関しては、小谷信千代『真宗の往生論』(法蔵館、二〇一五年)、『誤解された親鸞の往生論』(同、二〇一六年)参照。小谷の「親鸞は現生往生を述べていない」というのはもっともなことだが、そもそも現生正定聚自体が経典とは異なる説なのだから、ここだけを問題にしても非戦論の系譜を検討する際にあまり大きな意味はないと思う。むしろ問題は往生(往相)より還相の方である。

(19)天親の『論』には「入出」という用語はあるが、「往還」という言葉はない。

(20)回向門だけを「切り離して」というのは正確ではないが、五念門のすべてを法蔵の所修とする『入出二門偈』の立場と『教行信証』の論述とを区別するためこの説明を採用した。

(21)いずれも香月院『広文類会読記』すなわち香月院の『教行信証』講義の「教巻」にある表現。(真宗大系第十三巻)

(22)『入出二門偈講義』六巻。真宗大系・目録の「学寮講義年鑑」によると「寛政三年辛亥夏講　寮司　深励入出二門偈」とある。寛政三年は一七九一年。和綴じ本『入出二門偈講義』（香月院深励講師述、広陵了栄嗣講師閲、豊満春洞校訂、西村九郎右衛門版）というのがあり、この講義録と思われる。冒頭に「寛政三年辛亥首夏中旬第五日在御学寮講堂、是を述ること如左」とある。ただし、寛政三年は香月院はまだ講師ではない。それによると、原文は以下の通り。片仮名書きはひらがなに改めてある。

「吾祖の浄土真宗御興行は他力回向と云ふことを明（か）すばかり。その他力回向を明（か）す本がこの他利利他の深義の御釈なり。たとへていはば下に錦の衣をきてその上に白ひ単《ひとえ》の衣を着してをるときは下の錦がちらちらとみゆるなり。なれどもはっきりと表へは知れぬ。浄土論の文が幽玄にして伺ひ難いが丁度その如くなり。処が論註の巻末に他利利他の深義を御釈なされたは其（の）錦の裾を翻して御みせなされたのなり。論註のあれより前の御釈に法蔵の因行と云た処はなひ。あそこへ至（り）て初（め）て錦のもすそを翻して五念門の自利利他の行が佛の因行と釈なされたのなり。そこで吾祖へ来てその上に覆たところの白ひ衣をとりのけて浄土論の幽旨を表へあばき出して此の二門偈を御作りなされた。この二門偈ではことはりなしに最初から法蔵菩薩の五念門の行となされた。そこで「菩薩入出乃至行成就」とここで浄土論の幽玄をあらはすところ白日天に麗たるところなり」（和綴じ本、巻四十四丁左）。

(23) これを「深義」と命名したのは曇鸞ではなく親鸞。

(24) 煩雑なので適宜引用するとつぎのごとくである。釈は『二門偈』の「云何礼拝身業礼阿弥陀仏正遍知善巧方便諸群生為生安楽国意故」についてのもの。

「ときにこの偈文、まづ御明しぶりでみれば法蔵菩薩所修の礼拝門と明し玉ふやふにみへるなりけれども又これから下の五念門の明しぶりが法蔵所修と限れぬやうにみへる処もある。（中略）礼拝門のことに限らず、これから下はみな法蔵所修と行者所修との両方へかけて仰せられたものなり。そこで一文々々がみな二義へ通ずる。（中略）願生の行者に約するときは点の付やふが違ふ。（中略）なるほど巧妙なことで、すなはち御真本の御点をみるに、これが両方へ通ずるやうに点が付（け）てある。祖意はやはり一文両義で両方へ通ずるやうに偈文を御作りなされたとみへるなり。」

(25) ただし、親鸞は「自利も利他も行者の願楽ではない」と言っているのであって行者（衆生）は自利も利他もしないと述べているわけではないことに注意。この部分の解釈については廣瀬惺『親鸞の二種回向―特に還相回向について―』（『眞宗研究五三』真宗連合学会　二〇〇九年一月）が優れている。廣瀬によると、「往相回向とは、衆生の自利の課題に応える法蔵菩薩の誓願のはたらきであり、還相回向とは、衆生の利他の課題に応える法蔵菩薩の誓願のはたらきである」とされる。これならば、如来の本願力回向によって衆生自らが（自利の意味をはらむ）往相を果たし（利他の意味をはらむ）還相を実現するという親鸞の本義にかなっている。

(26) この講義は香月院の全盛期、すなわち、江戸実証教学の全盛期である文化四、五年（一八〇七、一八〇八年）に行なわれた。現在は『続真宗体系』第二、三巻に「註論講苑」として収録され、一九七三年に法蔵館から『論註講義』というタイトルでその復刻版が出版されている。

(27) 引用の箇所は前注26に示した復刻版の七〇四頁。

(28) この問題に関しては、拙論「批判原理としての浄土」（二〇一四年の日本佛教學會の発表に基づく論文。『日本佛教學會年報第八一號』二〇一七年所収）に付した補論「『教行信証・証巻』の「利他」という語の龍谷版親鸞著作集（CWS）の英訳について」参照。CWSは「利他円満の妙位」を英訳するにあたって「阿弥陀の利他によってもたらされる円満の妙位」と翻訳している。つまり、妙位を得るのは衆生だが、利他するのはあくまで弥陀であるという解釈になっているのである。親鸞がこの「利他」に「利他したまへる」

などの訓点をつけているならこの訳も可能だが、これは無理。「他利利他の深義」を解し損ねた例と言うべきだろう。

(29) ただし、すでに触れた相伝系の教学はこの「衆生の往還」自体に否定的であるように思われる。すなわち、阿弥陀如来の往還である。相伝の教学については、別稿を期するものであるが、次節で「衆生の往還」自体に否定的であるもう一つの教学、すなわち、近代教学の問題に立ち入ろうと思う。

(30) この表現は香月院をはじめとする「封建」教学者やいわゆる節談説教などに頻出する。

(31) マルクス『ヘーゲル法哲学批判序説』、一八四三年。

(32) 『親鸞の信のダイナミックス——往還二回向の仏道』(草光舎、一九九三年)

(33) 法蔵館復刻版『浄土論註講義』、三二六頁。

この読み(訓点)は、通常の漢文の読みにしたもの。主語を変えるということをしっかりとうけとめるならば、付け替えられた後の意味を、原意を捨てて自分の答とするのではなく、原意と親鸞の付け替えの意味の両方を読み取って考えなければならない。原意を捨てるのであれば、なにも『論・論註』の引用と断って(「『浄土論』にいわく…」などと)述べる必要はない。

(34) 『浄土論』の園林遊戯地門に「出第五門というは、大慈悲をもって一切苦悩の衆生を観察して、応化身を示して、生死の園・煩悩の林の中に回入して、神通に遊戯し教化地に至る」とある。

(35) 高木顕明「余が社会主義」第四章の表現(取意)。

(36) 清澤満之「精神主義」(明治三十五年講話、岩波版全集第六巻、一六七頁)の表現(取意)。

(37) 本多弘之、前掲『大無量寿経講義第二巻』の表現(取意)。

(38) 日本国憲法第十四条。

（39）同前文。
（40）同第十二条。
（41）高木顕明「余が社会主義」第五章「実務行為」取意。

第四章　浄土教における仏身論とプラグマティズム

一、高木顕明の阿弥陀如来観

私は先に拙著『極楽の人数』において高木顕明の遺稿「余が社会主義」を評価し、それが優れた親鸞思想の要約でもあることを明らかにした。その中で私は、顕明の社会主義と非戦論は親鸞の往還二回向論に基づいて建てられていることを論じ、それが大谷派近代教学の主流の往還二回向論とは異質のものであることに注意を促しておいた。すなわち、顕明の往還二回向論は、衆生（すなわち、顕明自身）が阿弥陀如来の回向に促されてこの現実世界（娑婆世界）に還来し有縁々々の衆生を済度するというものであり、人間を解放の主体としてとらえるものであるのに対して、近代教学の主流は衆生を単に阿弥陀如来に救済される無力な客体として描いているのではないかということを確認した。その後、この違いは顕明が依拠したと思われる真宗の近世伝統教学と近代教学との違いに根を持つのではないかという見込みから、近世真宗大谷派の学僧・香月院深励の思想にたどり着いた。[1] 香月院の往還二回向解釈は、「往相還相は衆生にばかりあり、回向は如来にばかりあり」という定型句にまとめられるものであり、本願力回向の主体は阿弥陀如来であるが、往還するのはあくまでもわれら煩悩成就の凡夫たる衆生であるというものである。これは、顕明の二回向論と一致するものであるのに対して、近代教学のそれは衆生の往還と重ねて考えているともいえるが、むしろ阿弥陀如来自身が往還すると考えているのではないかという疑いが濃厚である。

往還二回向をどのように考えるかということと阿弥陀如来をどのような存在と考えるのかということは当然にも深い関連がある。ちなみに、顕明の阿弥陀如来観は、釈迦の「人師（人間の師匠）」に対して弥陀は「過境の普善者」である。「過境の普善者」というのは、ある種の超越的存在を意味する言葉だろうが、伝統的な用語なのかどうかはよくわからない。これは、本体は不動で回向の力で衆生を往還させる超越者という阿弥陀像に当てはまり、絶対的な救済者というイメージにも当てはまる。すなわち、この世界の外に、ある意味で「実体化された」存在ともいえるだろうし、阿弥陀や極楽浄土の迷信的実体化だと軽蔑されることが多い近世伝統教学と親和的な立場だと考えられる。一方、「往還する阿弥陀如来」というのは、少し説明を要する概念である。往還とは、この世界から彼の土の極楽浄土へ往きそこから再びこの土に還るということだが、極楽浄土は阿弥陀如来の誓願によって建てられた（より正確に言えば、阿弥陀が因位の法蔵菩薩時代に建てた誓願が成就して阿弥陀如来として衆生を待ち受けるために建てられた）わけだから、そこへ法蔵菩薩自身が往く（往相する）というのはおかしい。なのに、このような概念が登場するのはなぜなのか。簡単に説明することはできないのだが、とりあえず、それは、諸法無我（あらゆる存在にそれ自身で存在するような実体はない）を建前とする仏教的形而上学[2]と阿弥陀如来というある意味で実体化された存在との整合性を図る工夫であるとしておこうと思う。つまり、諸法は「無我」で「無自性」で「空」であり、それが真理（真如）なのだが、その真理を証って空と一体になったのが阿弥陀（法蔵菩薩）の往相、「空」の悟りを持たぬ者のために阿弥陀如来として姿を現したのが還相であるというような思想である。これはいわば、阿弥陀如来の仏教的形而上学概念への還元なのである。香月院らの近世伝統教学の主流はこの立場をとらないが、近代教学はかなりこの立場に傾いているように思われる。本論の後半では、こうした「仏教形而上学」の問題性を詳しく論じたいと思う。

二、曇鸞と親鸞の仏身論

阿弥陀如来をどのようなものと考えるかということは浄土教にとって最重要な問題と言える。諸法無我を建前とする仏教になぜそれをうらぎるかのような「実体化」とも言いうる阿弥陀や極楽浄土が登場するのか。この問題について、初めに一定の議論をしたのはおそらく曇鸞（四七六‐五四二、中国北魏の僧）だろうと思われる。

曇鸞は天親（世親・vasubandhu、四、五世紀頃）の著作とされる『浄土論』（以下、単に『論』とも表記）に詳細な注釈を施した。これを『浄土論註』（以下、単に『論註』『註』とも表記）という。『論註』には、法性法身・方便法身の二法身とそれによく似た実相身《じっそうしん》・為物身《いもつしん》の二身が登場する。登場の順序は二身が先で二法身が後であるが、論理構造としては二法身があってその上で二身ということになる。二法身が登場するのは『浄土論』の長行（解義分）の終盤の「浄入願心」についての註、二身が登場するのは、同じく解義分の第二「起観生信」の中で五念門を挙げてその中の讃嘆門の中の「如実修行相応」についての註である。いずれも『論註』の下巻（つまり、解義分の註）に登場する。『浄土論』自体にはいずれの概念も登場しない。それぞれの詳しい内容は後述する。

香月院は、その全盛期に『論註』について綿密な講義[3]を行なっている。講義の初めのいわゆる「文前玄義（テキストの一々の文言についての注釈の前に論じられる序論のこと）」において、『論註』全体のテーマを、①「本論三分の有無を弁ず」②「五念門の正助を料簡す」③「一心五念果を得るを明かす」④「入出と往還の異を分別す」⑤「二法身と二身の同異を弁ず」の五科に分けて論じているが、本章は、この香月院の「二法身と二身の同異を弁ず」ということを念頭に置いて浄土教における仏身論の意義を論じようという企てである。

親鸞の二法身解釈

香月院の議論は当然のことながら親鸞（一一七三－一二六二）の議論を前提しているから、まずこの問題についての親鸞の立場を確認しておく。

親鸞が二法身に直接言及しているのは、自身の和文の著作『唯信鈔文意《ゆいしんしょうもんい》』においてである。『唯信鈔文意』というのは、親鸞にとっては法然（一一三三‐一二一二）門下の先輩である聖覚《せいかく》（一一六七‐一二三五）の著作『唯信鈔』についての親鸞による注釈書である。『唯信鈔』の中で聖覚は、善導（六一三‐六八一、中国唐代の僧）の『法事讃』の「極楽無為涅槃界　随縁雑善恐難生　故使如来選要法　教念弥陀専復専（極楽は無為涅槃の界なり。随縁の雑善おそらくは生じがたし。ゆゑに如来要法を選びて、教へて弥陀を念ぜしむることもっぱらにしてまたもっぱらならしむ）」という一句を引用している。これは、善導が『阿弥陀経』の「舎利弗若有善男子善女人聞説阿弥陀仏執持名号若一日若二日若三日若四日若五日若六日若七日一心不乱其人臨命終時阿弥陀仏与諸聖衆現在其前是人終時心不顛倒即得往生阿弥陀仏極楽国土舎利弗我見是利故説此言若有衆生聞是説者応当発願生彼国土（舎利弗、もし善男子・善女人ありて、阿弥陀仏を説くを聞きて、名号を執持すること、もしは一日、もしは二日、もしは三日、もしは四日、もしは五日、もしは六日、もしは七日、一心にして乱れざれば、その人、命終の時に臨みて、阿弥陀仏、もろもろの聖衆と現じてその前にましします。この人終る時、心顛倒せずして、すなはち阿弥陀仏の極楽国土に往生することを得。舎利弗、われこの利を見るがゆゑに、この言を説く。もし衆生ありてこの説を聞かんものは、まさに発願してかの国土に生ずべし）」について解釈を述べた一句である。つまり、「極楽無為涅槃界云々」というのは、善導がその著『法事讃』で『阿弥陀経』

の「若一日若二日云々」という有名な教説について施した解釈である。意味は、「極楽は無為涅槃の世界である。それぞれの勝手なよりどころで雑多な善行に努めてもおそらくは生じ難いところである。だから如来（釈尊）は阿弥陀仏の名号を称えることを教えてそれを専修せよとされたのだ」ということである。

善導は、「諸法無我」や「諸法実相」の悟りを本旨とするはずの釈迦の教えにそれに反するかのような実体的な阿弥陀如来や極楽が登場する所以を説明しているのである。つまり、極楽世界とは実体的な世界ではなく「無為涅槃の界」であり、「諸法無我」や「諸法実相」の仏教的形而上学を象徴した世界なので、普通の理性の範疇外にある（凡夫の境涯ではない）。だから阿弥陀仏と極楽国への称名念仏による願生という形でしかふれることはできないと説明しているのである。善導の意図については、この後もう一度簡単に触れるが、少なくとも彼は「諸法無我」や「諸法実相」ということを仏教の実践として正面から論じようとはしていない。

しかし、これについて親鸞は、善導ではなく曇鸞の『論註』によって解釈している。釈迦仏と阿弥陀仏の関係、あるいは、娑婆世界と極楽世界との関係について、親鸞はもっぱら『論』『論註』によって説明しようとするのである。だから、説明の中に曇鸞の二法身が登場するのである。それはいわば親鸞の阿弥陀仏観・浄土観である。親鸞『唯信鈔文意』の説明は以下のごとくである。

「涅槃」をば、滅度という、無為という、安楽という、常楽という、実相という、法身《ほっしん》という、法性《ほっしょう》という、真如という、一如という、仏性という。仏性すなわち如来なり。この如来、微塵世界にみちみちたまえり。すなわち、一切群生海の心なり。この心に誓願を信楽するがゆえに、この信心すなわち仏性なり。仏性すなわち法性なり。法性すなわち法身なり。法身は、いろもなし、かたちもましまさず。しかれば、こころもおよばれず。ことばもたえたり。この一如よりかたちをあらわして、方便法身《ほうべんほっしん》ともうす御すがたをしめして、法蔵比丘となのりたまいて、不可思議の大誓願をおこして、あらわれたまう御かたちをば、世親菩薩は、尽十方無碍光如来《じんじっぽうむげこうにょらい》となづけたてまつりたまえり。この如来を報身《ほうじん》ともうす。誓願の業因にむくいたまえるゆえに、報身如来ともうすなり。報ともうすは、たねにむくいたるなり。この報身より、応化等の無量無数の身をあらわして、微塵世界に無碍の智慧光をはなたしめたまうゆえに、尽十方無碍光仏ともうすひかりにて、かたちもましまさず、いろもましまさず。無明のやみをはらい、悪業にさえられず。このゆえに、無碍光ともうすなり。無碍は、さわりなしともうす。しかれば、阿弥陀仏は、光明なり。光明は、智慧のかたちなりとしるべし。

この相当に込み入った説明をなんとかわかりやすく解説したい。

ここに、「法性法身と方便法身」、あるいは、方便法身とは報身とも言うのだとされているから

「法身《ほっしん》と報身《ほうじん》」ということが語られている。これを理解するには、「法身・報身・応身《おうじん》の三身説」というものを理解しておく必要がある。仏教において、いわゆる「仏身論」という領域がある。もとは、「悟りを開いた釈迦（仏陀）」の生身と、悟りそのもの、すなわち、仏陀を仏陀たらしめている「法」または「真理」とを区別し、後者を法身（dharma-kāya）と名づけたことに始まる。そして、歴史の中に実在する釈迦が悟りを開いたことは、この法身が一定の条件にもとづいて顕現したものと考えることができる。このような顕現を、法（dharma）自身の必然性から生じたという観点を取ると「報身（sambhoga-kāya）」ということになり、歴史的現実に対応するためにこの世に出現したという観点からは「応身（nirmāna-kāya）」と呼ばれる。通常は、「法身」「報身」「応身」を仏の三身という。

したがって、「法身」とは、真理そのものを意味し、仏教においては、「無上涅槃」だとか「第一義空」、または「諸法無我を証る」とか「諸法実相を知る」ことだということになる。仏教は、自らが仏になることを目標とする宗教であるから、仏道を目指すものは、何らかの形でこの「法身」（すなわち、「無上涅槃」だとか「第一義空」）を目指すべき対象とせざるを得ない。しかし、同時に、私たちの通常の「理性」「分別」においては、涅槃や空は、本質的にそれを経験したり認識したりすることはできないものとされている。それは超越的な智慧（仏智・無分別智）によってのみ悟られるものとして、あるいは、それと一体化するものとして、説明されている。したがって、「無上涅槃」だとか「第一義空」などは、通常の理性の範囲においては、いわば「想定」されたものである。言い換えれば、それは、私たちが「話題」にすることはできるが、直接に「経験」することは不可能なものである。もっとも、経験することが不可能なものを経験することを切望することが宗教的情熱であるとすれば、宗教とは本来矛盾する情熱であるともいえる。ただし、私自身がこれまで営んできた宗教学的探求は、この矛盾を楽しむことではなく、経験できないものを経験したと偽ること（あるいは、社会的機能としては同じことであるが、経験したと誠実に思い込むこと）の危険を警告することであったと自負している。

さて、仏身論は、阿弥陀仏という歴史上に実在しない架空の仏・阿弥陀仏が登場する浄土教において、大きな意味を持つ。浄土教の中心にある阿弥陀仏を曇鸞は「方便法身」であるとしたのである。曇鸞は、経験できない「法身」、すなわち、本質としての法身を「法性法身」とした上で、話題にすることが可能な「法身」、すなわち、方便（手立て）としての法身を「方便法身」と名づけたのである。そして、それが阿弥陀如来であると。

親鸞は、『唯信鈔文意』において、この方便法身・阿弥陀如来を曇鸞以降にさらに整理されたオーソドクスな三身論(4)に照らして「報身」とみなしたのである。「報身」とは、すでに述べたように生身の釈迦を「衆生の願いに応じてこの世に出現した仏」とみなすという観点から「応身」としたことをさらに普遍化して、「さまざまな願いに応じて（報いて）出現するさまざまな仏」と考えるところから出てきた概念でもある。また、このように普遍化された応身、すなわち、報身仏は、現実の歴史の中に生じた応身たる釈迦のように生死するのではなく、(不生であるかどうかは議論が分かれるところであるが(5))不滅であるとされる。ここで、親鸞が報身と方便法身とを同じものと認めたのだとすると、親鸞の三身論は「法身(法性法身)・報身(方便法身)・応身(応化身)」ということになるだろう。もっとも、これも応身と化身を別に立てれば三身説ではなく、四身説となり複雑な説明も可能なのだがそれはやめておこう。

『唯信鈔文意』の説明は、実相・真如・涅槃・一如など通常の経験の埒外にある真理それ自体を、まず「法身」とするところから始まる。すなわち、法身は「いろもなし、かたちもましまさず。しかれば、こころもおよばれず。ことばもたえたり」というように通常の経験の埒外にあるものとして想定されている。つぎに、「この一如よりかたちをあらわして、方便法身ともうす御すがたをしめして、法蔵比丘となのりたまいて、不可思議の大誓願をおこして、あらわれたまう御かたちをば、世親菩薩は、尽十方無碍光如来となづけたてまつりたまえり。この如来を報身ともうす」というわけだから、法身から色や形を具えて出現した真理が「方便法身」であり、それを「報身」と呼んでいいとしている。色や形を具えて出現したことを「法蔵比丘となのりたまいて、不可思議の大誓願をおこして、あらわれたまう」とも表現しているのだから、それが阿弥陀如来ということになるだろう。したがって、法身・報身・応身の三身の中央にある報身(方便法身)が阿弥陀如来であるということには問題はないが、阿弥陀如来を同時に法身や応身とみなすことが可能かどうかということには大きな問題がある。というのは、「この報身より、応化等の無量無数の身をあらわして」とあるので、報身からさらに応身あるいは応化身が現れることになる。そのうえ、「この報身より、応化等の無量無数の身をあらわして、微塵世界に無碍の智慧光をはなたしめたまうゆえに、尽十方無碍光仏ともうすひかりにて、かたちもましまさず、いろもましまさず」とあるから、いろもかたちもないのは、いったい、法身（これが「いろもかたちもない」のははっきりしている）なのか報身から現れ出た無量無数の応化身なのかはっきりしない。報身、すなわち、方便法身は「法蔵比丘となのりたまいて」とあるのだから、弥陀へと成仏した後は西方十万億土の彼方に「六十万億《ろくじゅうまんのく》那由《なゆ》他恒河沙《たごうがしゃ》由旬《ゆじゅん》」の身長と金色の皮膚を具えているのだろうし、親鸞の説明はわかりにくく、込み入っている。

仏身論がはらむ危険

そして、そもそも、この「応化身」とは何者か。歴史上に実在した釈迦のことと考えるのが一応の正解だろうが、「無量無数の身」というのだから、アマテラスでもこの私でも〇〇さんでもいい[6]のか。そんなことはあるまい。もっとも、そんなことはあるまい、と言ってみても親鸞の文言だけを手掛かりにするのであれば、どちらも言えるということになるとは思う。また、このあと少し触れるようにキリスト教神学との関連から言えば、神はマリアの子・ナザレのイエスだけに受肉したが、一切衆生悉有仏性である仏教から言えば、「応化等の無量無数の身」には○○さんでも私でも該当しなければならなくなるだろう。私がこの問題をどのように考えるかということは、この後次第に明らかにしていくつもりだが、あらかじめ簡単に私の結論を言っておけば、つぎのようなことになる。

すなわち、阿弥陀如来と極楽国土は「平和と平等の救済」を象徴するものであるから、これを戦争と差別の象徴であるアマテラスや靖国と同一視してはならない。「してはならない」のは、ただ単にプラグマティックに「してはならない」だけで、形而上学的に説明できることではない。形而上学的説明や親鸞の文言と経典論釈との整合的な説明（いわゆる「会通《えつう》」）は平和と平等が満足に展開されるというプラグマティックな目的に沿ってなされねばならないということである。その意味では、阿弥陀とアマテラスを同一視する根拠ともなり得る親鸞の込み入った説明を、必要とあらば、部分的に否定することに私は躊躇しないつもりである。先にも述べたように、私の宗教学的営為はプラグマティックに平和と平等を求めるためにあるのであって、阿弥陀がアマテラスと同一だと結論付けることが可能である論理を論理そのものとして否定するような無駄な営みには向けられないのである。万一、親鸞思想が阿弥陀とアマテラスを同一視して戦争を鼓舞するような思想に加担するような質しか持たないのであれば、親鸞全体を否定することに躊躇することはない。しかし、この後展開するように、法然・親鸞・深励、そして顕明の思想の質は平和と平等に資するものであるのは明らかなので、親鸞仏身論から単なる論理としては現れ出る可能性があるアマテラスのような「妖怪」のほうを退治[7]すればいいのである。

この問題に関しては、善導が『観経疏』で展開したいわゆる「是報非化《ぜほうひけ》」の議論も吟味しなければならないのだが、本稿は主に曇鸞の法性法身・方便法身の議論を中心に考えてみたいので、簡単に触れるにとどめる。

「是報非化」の論理というのは、善導の観無量寿経についての註釈『観経疏』の玄義分に展開されているもので、親鸞は『教行信証・真仏土巻』でこれを引用している。善導は「阿弥陀仏の浄土は報土であるか化土であるか、阿弥陀仏は報仏であるか化仏であるか」という問いを立てて「これ報にして化に非ず（是報非化）」と答える。この問答の背景には、本来、此の世界で目覚めた人（仏）と成るはずの仏教において、未来や他方世界にいる阿弥陀仏のような空想的な超越者を立てるということは、本来的な仏道に対する仮の手段であると考えられてきたことに対して浄土教としての決着が必要だったということがある。しかし、そういうこと（「是報非化」）を言ってしまうと「かの仏および土すでに報といはば、報法は高妙にして、小聖すら階《かな》ひがたし。垢障《くしょう》の凡夫いかんが入ることを得ん」という難問が出てくる。つまり、「阿弥陀仏が報身とか法身であり極楽浄土が無為涅槃界だなどということになると『小聖』すなわち小乗の聖人でさえかなわないだろう、煩悩の垢障に縛られた凡夫悪人がどうしてそこへ入ることができるのだ」というわけである。その答えがある意味すごいのだがこうである。

答へていはく、もし衆生の垢障を論ぜば、実に欣趣《ごんしゅ》しがたし。まさしく仏願に託してもつて強縁となすによりて、五乗をして斉しく入らしむることを致す。

衆生の煩悩を論ずるとなると「欣趣」つまり欣《ねがい》の趣むきさえない。煩悩成就の凡夫は浄土を願うことさえない。だから、阿弥陀仏の本願に託すほかはないのだ、というわけである。そうすれば、五乗、すなわち、人・天・声聞・縁覚・菩薩のすべてが斉しくそこへ入れるのだ、と。『真仏土巻』ではこの引用の後、同じく『観経疏』から序分義、定善義が引用されて、結論として『唯信鈔文意』において仏身論が展開されるもとになった『法事讃』の「極楽は無為涅槃の界なり。随縁の雑善おそらくは生じがたし。ゆゑに如来（釈尊）要法を選びて、教へて弥陀を念ぜしむること専らにしてまた専らならしむ」が引用される。極楽は高位の菩薩でも自力では達することのできない無為涅槃の世界なので釈迦が念仏という誰でもできる簡単な往く方法を選んで教えたのだ、というわけである。極楽の原理は「五乗斉入」、すなわち、「平等」なのであるから、本願しかないのだというわけである。これは、法然の説明と同じである。それぞれが勝手に自力作善して平等を求めても、そのことが却って平等の妨げになる。むしろ、そうした高級そうに見える善行は人びとに無用の格差を生むだけだ。だとすれば、それらは捨てて声に出して南無阿弥陀仏と言う誰にでもできる簡単な行を頼むという決断が一番だということになる。極楽無為涅槃界を報身だとか法身だとか複雑に論じてもできないことはないし、そんな議論が意外な場面で役に立つこともあるかもしれないが、多くは平和と平等を促進させるよりは危険な妨げとなるだろう。

『唯信鈔文意』における親鸞の複雑な説明は、『真仏土巻』での同じテキストの引用と照らし合わせてみれば、そのプラグマティックな意図はよく見えてくると思われる。

三、方便・法性の二法身と実相・為物の二身の背景にある思想系譜

法身とは真如（法《ダルマ》）それ自体のことだが、人間、たとえば、釈迦が真如（法《ダルマ》）を悟ったことを真如の側から表現すると、法《ダルマ》が釈迦に現れた（応現した）とも言いうる。そこで真理が応現して仏と成った釈迦を「応身」、応現してくる真理それ自体を「法身」と呼ぶことにしたのが仏身論の嚆矢であると思われる。このことは先にも述べた。

さて、応身仏・釈迦は、西田哲学的述語を用いれば、「本来特定の形を持たない無限定の法《ダルマ》それ自身がその無限定性を自己否定して限定的に自己を現してきたもの」すなわち「無限の自己否定としての有限」などと言いうるだろう。時空や煩悩に限定された衆生には無縁で手掛かりのない法《ダルマ》が

自らを屈して衆生の中に現れたのである。それはちょうど「人の子」として人と共に苦悩する存在としてこの世に降誕したイエスに比定されるだろう。しかし、無始無終の法《ダルマ》それ自体と違って釈迦やイエスの肉身には始まりも終わりもある。その意味では応身仏は法《ダルマ》それ自体の完全な現前とは言えない。そこで、法《ダルマ》それ自体、すなわち、法身の完全な応現として姿を現したものを方便法身と呼ぶことにして、それが「法蔵比丘となのりたまいて、不可思議の大誓願をおこして、あらわれ」、その願を成就して仏と成ったのが阿弥陀如来だと親鸞は言うのである。法身とはそもそも煩悩の衆生には手掛かりのない法《ダルマ》それ自体の別名であったから、それの手掛かりという意味の「方便」とセットで「方便法身」という概念を（曇鸞は）提出したのである。しかし、そうしてしまうとそれまで単に法身と呼んでいたものがあいまいになるので、法身にさらに「法身それ自体」というような意味を付加して同語反復的な言い方で「法性法身」と呼ぶことにしたわけだろう。

だから「方便法身」とは「（矛盾を含んだ表現たらざるを得ないが）形のある法身、形のある真理」なのである。これは、キリスト教神学でいう神の三位にほぼ対応していると言える。すなわち、形のない真理それ自体が法性法身あるいは神そのもの、形のある真理が方便法身あるいは父の姿をとる神、さらには天使として現れるものを含む聖霊、そして、真理の（自己否定的）現前が応身あるいは人の子イエスという具合である。

ここまでの説明は、基本的に「無限と有限」だとか「真理それ自体とその表現」「実在と現象」、あるいは、西洋哲学の古典的文脈でいえば「実体と形相」などのジャンルに入る議論である。存在論や認識論の領域、あるいは、形而上学的説明といってもよい。ところが、イエスや釈迦の持つ意味は、そうした冷たい理念の領域にあるのではなく、愛憎や善悪や苦楽の領域にこそある。古来、哲学の対象、あるいは、人間にとっての価値の対象は「真・善・美」であるとされてきたが、今述べた「無限・有限」「実在・現象」などはもっぱら真（偽）の領域にあり、イエスや釈迦の出現は善（悪）や美（醜）の領域にあるのだと言ってもよいかもしれない。つまり、イエスや釈迦を単に歴史的に実在した人物とみるのではなく、苦悩の解決や救済の領域にかかわるものとしてみた場合に仏身説や神の三位が問題になるのである。

ここに引用した『唯信鈔文意』においては、この後者の領域にかかわる言葉は「方便法身」と同義とされる「報身」である。報身の「報」というのは「願いに報いる」という意味の報であり、伝統的には「（すべての衆生を苦悩から平等に救済する）誓願に酬報した（誓願をかなえた）身」であると説明されている。浄土教仏教の根底をなす神話は、法蔵比丘（法蔵菩薩）が一切衆生の苦悩を解決するために平和と平等の清浄な国土を建立することを誓願しそれが成就して（酬報して）阿弥陀如来となって一切衆生を迎えるというものであるが、その意義を十全に表す概念は方便法身よりは報身の方なのである。だから、報身という概念には、応身の概念を拡張したものとして登場したという側面があるだけではなく、応身の仏陀の「覚者」や「智慧」の面よりは「彼岸へと渡す者」とか「慈悲」の面を強調しているとも言いうる。他方、方便法身という概念は法身における法《ダルマ》そのものを強調する「法性」と、身と現れ出たことを強調する「方便」との二側面を分離して説明するために登場したと言ってもよいかもしれない。いわば、二法身はどちらかと言うと真偽のレベルにある概念と言えるかもしれない。

つぎに、実相身と為物身という二身とは何かということを説明したい。先の『唯信鈔文意』には「『涅槃』をば、滅度という、無為という、安楽という、常楽という、実相という、法身という、法性という、真如という、一如という、仏性という」とあるから、実相身と法身、あるいは、法性法身とは同じものだと理解していいように思われる。また、為物身とは「物の為の仏身」という意味で「物」とは人物、すなわち、仏によって利他教化される、あるいは、浄土教的に言えば救済される衆生のことなので、一切衆生を苦悩から救い極楽浄土に迎え取ろうという誓願に酬報した報身と同じものだと理解できる。

したがって、二身の中の為物身は真偽のレベルというよりは、善悪（倫理）や美醜（意思）を問題にするレベルにあると言っていいだろう。この点で、為物身は報身と同義とみてよいことになる。そうすると、実相身は法性法身とみなされてしまうかもしれない。実際、『論註』の諸注釈・諸解説には、実相身とは法性法身のこと為物身とは方便法身のことだと解説しているものが多い。また、『論註』は『教行信証』に多数引用されているから、親鸞もそのように解釈しているとみなす論者も少なくない。ところが、香月院はそうした理解は誤りで「方便法身の上で二身が分かれる」と言う。(8) 香月院の意図は表面的には法性法身を凡夫が直接体感するようなことを言う神秘主義を排除するところにあると思うが、これは専修念仏の宗教哲学にとってかなり重要な意味を持っている。

四、仏教的形而上学

一般的な「神話」としての阿弥陀仏のイメージは、西方十万億土の彼方に「六十万億那由他恒河沙由旬」の身長と金色の皮膚を具え蓮の台に鎮座し観音・勢至らの諸菩薩眷属に囲まれているといったものだろう。こうしたイメージは近代のいわゆる非神話化の中でいわば「迷信」とみなされていた。しかし、それだけでなく、諸法空無我、あるいは、諸法実相を主張する大乗仏教の古典的な形而上学的見地からも、低級なもの、せいぜいが無知な大衆を高級な仏教に誘引する手立て（方便）に過ぎないとみなされていた。つまり、死後に快適な世界に生まれ変わるというような思想を「生天《しょうてん》思想」と呼ぶことがあるが、それは現生の欲望の延長にすぎないものとして仏教からはむしろ厳しく排斥されていたのであり、阿弥陀神話はこうした生天思想の一変形とみなされ、その発生の当初からいかがわしいものとされていたのである。したがって、阿弥陀や極楽世界についての非神話化は浄土経典群成立の当初からあったのである。(9)

ホワイトヘッドは、仏教を「宗教を生み出す形而上学（a metaphysic generating a religion）」であると言ったが、このことは仏教が浄土教を生んだのであり、その逆ではないことを考えると改めて含蓄のある言葉であると思わざるを得ない。ちなみに、同じくホワイトヘッドによると、キリスト教は「形而上学を探究する宗教（a religion seeking a metaphysic）」と呼ばれるのだが、キリスト教における「探求」は非神話化の流れだと言ってもいいかもしれない。(10)

しかし、仏教は、初めは神話や宗教をいかがわしいものとして排除していたのに、のちに（特に浄土教に顕著なように）宗教を生み出したのである。もし、そうだとすると近代日本の親鸞・歎異抄ブームはこれまで非神話化の一例として近代化や進歩として解釈されることが多かったのだが、ことはそう単純ではない。なぜなら、近代日本の親鸞傾倒は、阿弥陀如来や死後の極楽浄土を「本来の」仏教の形而上学に戻して解釈することに傾いていたからである。このあと、やや詳しく論ずるが香月院深励を中核とする近世真宗教学が死後の往生・成仏やある種実体的な極楽浄土と阿弥陀仏にこだわったのは、極楽浄土や阿弥陀如来の仏教形而上学的還元に対してプラグマティックな闘いを挑んだ法然の立場を継承し、それが親鸞と異ならないことを確信していたからである。

すなわち、そうした形而上学還元論的な解釈は浄土教発生の当初から行なわれていたもの(11)であってけっして近代的なことではない。ここで言う仏教の形而上学とは「存在するのに他の一切のものを必要としない実体」を基礎とするアリストテレスの形而上学を指すのでないことは言うまでもなく、一言で言えば「諸法実相の形而上学」である。阿弥陀如来や極楽浄土を諸法実相の仏教的形而上学に還元してしまうのであれば、阿弥陀如来や極楽浄土のイメージはそもそも必要ではない。実際、親鸞のいわゆる「自然法爾章」には、「弥陀仏は自然《じねん》のようをしらせんりょう」とあって浄土教の成立根拠を疑わせるような言説もある。「りょう」とは材料の「料」を含意しており、いろもかたちもない無上涅槃こそが重大であっていろもかたちもある方便法身はいろもかたちもない真実を示すただの材料にすぎない一段低いものとみなされてしまうからである。そうなれば、浄土教は仏教としての本質的意味は持たないものとなってしまうだろう。なぜなら、諸法実相とかいろもかたちもない無上涅槃といったいわば「形而上学的」な真理を証ることが仏教の目標であり、それが宗教としての仏教の救いでもあるとされてきたにもかかわらず、そのような「証り」は罪悪深重《ざいあくじんじゅう》煩悩熾盛《ぼんのうしじょう》のわれら凡夫には不可能であるから誰にでも可能な称名念仏が選択されることこそが浄土教徒の救いとされているからである。

五、仏教プラグマティストとしての法然

仏教のように当初から存在したものであるにせよ、キリスト教のように素朴な宗教から思弁（speculation）・探求（seeking）されたものであるにせよ、形而上学的問いという、ある意味で鬱陶しく仰々しい議論について、そもそもまったく異なる爽やかで軽やかな対応をした二人の思想家がいる。

一人は「序」で紹介したウィリアム・ジェイムズであり、彼は「仮設されたものとしての神」という大胆な概念を提出した。これとよく似た考え方をしたのが法然ではないかと私は思うのである。法然という人は、諸法無我・諸法実相を証ることによって自他を救う（という建前の）仏教を、往生浄土の教にしてしまい、しかも、それを称名念仏という行為に単純化してしまった人である。どうしてこんな大胆なことができたのかというと、仏教が満足に働く（to work satisfactorily）ということは人びとに平等の救い・解放をもたらすことだと実践的な（pragmatic）視点から見抜いたからである。人びとが仏教を求めるのは平等の救い・解放なのだ。だとすれば、そのように働く仏教の実践と言えば、称名念仏しかないではないか。法然はこのこと、すなわち、「往生之業念仏為本」をまず基本として、そこから極楽や阿弥陀如来を説明するという思考を始めたのである。

『選択集』は、称名念仏は阿弥陀の本願だから往生之業なのだという一種の超越論的な説明の仕方にはなっているが、平等の方が基本・前提になっていることはきちんと読めば誰にでもわかる。阿弥陀も極楽も、もっと言えば仏教全体が平等のためにあるのであって、仏教や阿弥陀が存在するから平等が生ずるのではない。平等を満足に実現するように働かせるものを仮に阿弥陀如来だとか極楽と名づけたのだというようなことであろう。(12) それはジェイムズが言うように「仮説（hypothesis）」にすぎない。仮説と言ってはありがたみがないと思うかもしれないが、平等という価値に対して働かないのだったら「真の実在」「真理それ自体」だってなんのありがたいことがあるだろう。諸法は無我であるのにそれがあるのだとこだわるから苦しむのだ、こだわる迷いから覚めれば苦しみもなくなるのだと教えられても、そんな悟りは煩悩多き者にはとても得ることはできない。ならば証った人をあがめて造像起塔に励もうとしても低収入の身にはそんな金はない。真如実相を知るなどと言っても、法然が仏教を明らかにして選択本願を片州濁世に弘めなかったら、仏教なんてものはなんのありがたいこともない。もちろん、有難かろうがなかろうが真如実相を知るというような形而上学的問いにもそれなりに意味はあるだろう。しかしそれが直接に平和と平等につながることはないのである。

こういうことを言うと、生真面目な仏教形而学信奉者は、念仏や極楽は（平和や平等という価値を含む）世俗的な価値のために存在するのではなく宗教独自の領域のためにあるのだといきり立つ。しかし、平和や平等と無関係に主張されるような宗教的価値は、結局のところ戦争と差別の厳かな補完となるにすぎないのである。私は、法然が造像起塔を本願ではないとする理由に「それを本願としたのでは（世俗的・経済的に）貧しい者が往生できないからだ」と説明する『選択集』を、顕明の明快な非戦平和論「余が社会主義」を生み出した源泉だと思っている。

法然が仏教を「ただ念仏」すなわち声に出す念仏に凝縮したのは、仏教形而上学的に称名念仏に優劣の判断を下したわけではないのである。彼が行なったことは、ただ仏教をその本来の目的（平和と平等）に有効に働くように改変しただけのことである。私は、法然のこのような立場を「仏教プラグマティズム[13]」と呼びたい。

六、香月院深励仏身論の前提としての称名念仏論

浄土教を仏教の一変形、しかも、あまり上等ではない変形の地位から、それこそが真実の仏教であることを明確に宣言し、「大乗の至極[14]」の地位にまで高めたのは法然である。法然の立場を一言で言えば、法蔵菩薩の誓願が一切衆生を平等に救うということだから、仏教の実践もまただれでも平等にできる称名念仏に特化される以外はないというものであった。この平等が実現するならば、「阿弥陀如来は真理それ自体たる法性法身か、それともいろもかたちもある方便法身か」だとか、「観経に描かれた極楽浄土が真実報土か化土（非実在の実在？　あるいは方便としての法性？）か」などということはどうでもよく、ただプラグマティックに平等を実現する力・働きがある国土と如来を真実とすればよかった。だから、現実の苦しみにあえぐ民衆だけでなく、抽象的で観念的な形而上学的「救い」に悩む人たちに対しても、実相を証るだの、心に浄土や阿弥陀如来をありありと思い浮かべるだのと言った実際には誰もできない実践を放棄せよと迫ったのである。

法然から親鸞へ

親鸞は、この法然のプラグマティックな態度を変更することなく、法性法身・方便法身や実相・

無為涅槃などの仏教のオーソドクスな形而上学的説明を透徹した論理で説明する努力をした思想家である。それは、けっして浄土教の仏教形而上学への単なる還元（リダクション＝縮減）などではない。法然から親鸞へのバトンタッチは、むしろその逆で、浄土教を仏教の伝統的な述語を駆使して苦悩の具体的社会的解決へと展開させるものであった。いろもかたちもない法性法身だとか物自体（ding an sich）などという形而上学的幽霊は凡夫に用はないし、カント的な言い方をすれば純粋理性の権能を超えている。しかし、差別と抑圧に苦しみながら平和と平等の希望を捨てることのない欣求浄土《ごんぐじょうど》の念仏衆生や実践理性にとっては、いろもかたちもある方便法身・為物身は、仏教の冷たい形而上学からは諸法無我の真理に背く迷信とあざ笑われても、けっして捨てることはできないものなのである。それが浄土教本来の仏身論でなければならない。だから、親鸞の、一見すると仏教形而上学還元論的な仏身論はよく注意して読まねばならないものである。その「注意」への促しは親鸞自身の著作にきちんと埋め込まれてあるし、香月院の指摘を受ければそれが一層鮮やかに見えるようになっている。

香月院は、すでに述べたように、方便法身の上に実相・為物の二身があるのだとして、実相身を、ある意味では、オーソドクスな仏教形而上学上の高い地位から低下させている。あるいはむしろ、方便法身の地位を上昇させていると言った方がよいかもしれない。

香月院の念仏論

香月院の仏身論を理解するために、仏身論とは別の課題であるが、彼の念仏論をまず紹介しようと思う。香月院は『選択集講義』(15)において、選択集の冒頭にある「念仏為本」を解釈する形で法然の専修念仏をつぎのように説明している。

凡そ諸経論に説く所の念仏、四種にすぎず。（中略）一つに「称名念仏」。ただ心を一仏にかけて口に其の仏名を称へるのを念仏と云ふ。文殊般若経の如し。二つに「観像念仏」。絵像木像の形像を観念する念仏。『大宝積経』に説くが如し。三つに「観想の念仏」。これは絵木の形像でなしに直ちに真佛の相好を観想するを念仏と云ふ。『観仏三昧経』等に説くが如し。四つには「実相の念仏」。この実相の念仏と云ふが大乗甚深の念仏なり。心の外の仏を念ずるではない。己が心の実相を念ずるので弥陀も薬師も大日も我法身と同体なりと観念するのが実相の念仏、『維摩経』等に説くが如し。（中略）此の集の念仏は此の四種の中では「称名念仏」なり。

香月院が挙げる四種の念仏の最後の「実相の念仏」が、上に挙げた「阿弥陀や極楽を諸法実相とかいろもかたちもない無上涅槃に還元するもの」であることは容易に見て取れよう。香月院は、これを「大乗甚深《じんじん》の念仏」とするが、ほとんど揶揄に近い。ついでながら、あとの三種についても箇単に説明すると、諸法実相というような特別の宗教的能力がある人にしかわからない（実際はだれにもわからない）真理を象徴する（荘厳する）ものとしての阿弥陀如来の真身をありありと瞑想するのが「観想の念仏」で、精神集中のトレーニングや千日回峰行のようなことをするとできることになっているが、本当にできたかどうかは本人しかわからない。自ら観想念仏を成就したと思い込んでいる人と成就したと嘘をついている人は、それが果たす社会的な機能としては違いがない。観想の念仏は、それができないことを健康に自覚している凡夫にも（いかがわしく感じつつも）ある程度想像できるので、つまり、いわゆる「霊感」がある人にはできるんじゃないかと思えるので、アヘンと批判される宗教の典型とも言いうるだろう。

実相の念仏となると、あまりに抽象的でアヘンにもならないかもしれないが、平和と平等に有効に働くこともない。そして、絵や彫刻で仏を作ってそれを眺めるのが「観像の念仏」だが、これは自分で描いたり彫ったりしてもいいが、供物料灯明料などと称する年貢を徴収して仏師に作らせ、先の実相の念仏や観想の念仏ができるとされる僧侶に魂を込めてもらうなどの呪術的手法を経ると効果があることになっている。つまり、これは貧しい者にはできない。法然が「造像起塔をもって本願となさば、貧窮困乏の類はさだめて往生の望みを絶たん」（『選択集』第三本願章）とする所以である。

そして、最初に挙げられている「称名念仏」はだれでもできる「阿弥陀さんの平和と平等っていいですね。南無阿弥陀仏」と声に出して言う念仏である。実相の念仏や観想の念仏が成就したかどうかは本人にしかわからない（あるいは、本人にもわからない）のに対して、声に出せば、本人にも他人にも確認ができる。本人が証ることを「内証《ないしょう》」と言い、他者に影響を与えることを「外用《げゆう》」と言うが、法然はこの言葉を用いて称名念仏が勝れていることをつぎのように説明している。「名号はこれ万徳の帰するところなり。しかればすなはち弥陀一仏のあらゆる四智・三身・十力・四無畏等の一切の内証の功徳、相好・光明・説法・利生等の一切の外用の功徳、みなことごとく阿弥陀仏の名号のなかに摂在せり」（『選択集』第三本願章）。

香月院のこの四種念仏の解説は「念仏為本」の解釈なので、この後に親鸞のいわゆる「信心為本」との対照が述べられる。以下、その個所も適宜中略しながら引用する。

> ここを心得損なふものありて元祖の「念仏為本」を吾祖は「信心為本」との玉ふ。しかれば今家は「念仏」と云ふは「仏をおもふ」こと、「仏をおもふ」と云ふは「信心」のこと、「念仏」とさへあれば三業では意業にあて「信心」にする者あり。これたゞ元祖に違するのみに非ず、大に祖意に違す。（以下、中略）
> ……口に称る念仏は浅き念仏なれども、その浅い念仏を弥陀の王本願に誓ひ玉ふ所が尊い所で「浅きは深き也」。（四種の念仏の中では）称名念仏はいっち浅い念仏ゆへいっち最初に置き玉ふ。

実相の念仏はいっち勝れた大乗甚深の念仏ゆへいっち終いにおき玉ふ。これ一代諸経におし出した所ではこの上のない浅い称名念仏。それを今、弥陀の本願では「解第一義」の行も選び捨て「読誦大乗」の行も選び捨て、其のいっち浅い称名念仏を取りて誓ふた所が「本為凡夫」の誓約なり。これが「万機普益」の所なり。そこが尊い。「浅は深也」（第十八願に述べられた念仏は紛れもなく口に称える念仏であることを）吾祖は釈家の意によりて経の隠の義で弘願をの玉ふ。元祖は善導の釈相によて経の顕文で弘願をの玉ふ。よて善導・元祖で云へば観経の下々品の文が十八願をまる出しにしたところなり。十八願に「乃至十念」とあるを下々品で「具足十念称南無阿弥陀仏」とある。直ちに観経で大経を釈してあり。「汝若不能念者応称無量寿仏」と、まぎれぬ様に「汝こゝろに念ずるに能わずは、無量寿仏の御名をとなふべし」と。そのとなへるのが「具足十念称南無阿弥陀仏」なり。しかれば大経の「乃至十念」は口に名号を称ると云ふこと明かなるゆへに善導は言をかへて「称我名号下至十声」との玉ふ。これ漢土では西河・光明の二祖の判釈に顕れてある。日本ではこの元祖の『選択集』なり。即ち「本願章」の私釈に鄭重に「念声是一」を釈し玉ふたはこのいはれなり。この「念仏為本」の念仏は称名念仏に限るなり。善導の古今楷定の第一が是也。浄影・天台等の諸師は弥陀の念仏を観念の念仏・実相の念仏にして天台の『観経疏』（上二右）に「心観為宗実相為体」と釈する所は実相の念仏にしてあり。光明善導、こゝに於て楷定《かいじょう》の腕力を振るふて（楷定とは升掛で米をひとならしになすこと）浄影・天台等の諸師の釈をば善導一師で楷定して弥陀の念仏は称名念仏なりと押立玉ふ。日本の古今楷定は元祖なり。そこで「もろこし、吾朝のもろもろの智者達の沙汰し申さるる観念の念にも非ず。又、学問をして念の心を悟りて申す念仏にも非ず」と。ここが元祖の和漢の諸師を楷定する所なり。「ただ、往生極楽のためには、南無阿弥陀仏と申して、疑なく往生するぞと思とりて申す」とあるが善導一師によて称名念仏を立てぬき玉ふ。しかればこの「念仏為本」の念仏を心に仏を思ふ信心のことなどと云ふは光明《こうみょう》・黒谷《くろだに》の楷定のいさをしをむだことにする祖門の罪人也。(16)

私は、法然が声に出す念仏（口に名号を称ると云ふこと）が本願であることを論証している『選択集』の第三章（本願章）を古今東西の宗教書の中で最も明快な論証であると思っている。あまりに明快なので、法然という思想家は、ある意味「（超越的なものとのかかわりと定義される）宗教」の範囲を逸脱して（つまり、超越的な要素をほとんど含まず）、その意味で誤解を与える思想家だとも思う。彼は、釈迦やイエスと同じように「宗教」に苦しむ老若男女を宗教から解放した人なのだ。凡人には手の届かない深遠な宗教を説いて自他を欺いた人ではないのである。彼自身が、見仏などのいわゆる「宗教」体験を重視したなどということはあり得ないことだが、それを重視している人（重視というよりは、実際には、それに苦しめられている人）の解放を願うためにそうした体験（迷い）

に使用される用語（例えば、三昧発得など）を軽視しなかったことはたしかである。[17]

イエスはユダヤ教の律法重視などに悩まされている人に対して、時に厳しく、時にやさしく励ました。法然もしかりだ。「定散二善は本願（の行）に非ず」と明快に述べる一方で、それに憑りつかれている人を見捨てはしなかった。超越的なもの・おおいなるものに憑りつかれ悩まされている人に対してそのものの正体を丁寧にいろんな手立て（方便）を用いて説明もする。この説明がないと、声に出す念仏という教えは本当の無味乾燥になってしまう。しかし、「（超越的なものに対する）説明」をどんなに重ねても声に出す念仏が本願正定業だとうなづくことにはつながらない。このことを法然は「定散二善は廃するために説く」と言ったのかもしれない。

法然が第十八願において声に出す念仏をとって他の諸行を捨てる（選択集の叙述のスタイルとしては、選捨するのは法然ではなく阿弥陀如来であるが）理由は、本願がそのために建てられた〔平等〕ということにある。声に出す念仏ならば誰もが平等に阿弥陀如来に接することになるからである。阿弥陀如来がどのように存在するか、それは応化身かそれとも報身か、あるいは、そもそもそれは存在するのかなどということよりは、方便法身（平和と平等を前進させるために手立てとして建てられた仮設 hypothesis）が効果的に働くかどうかが重要なのである。香月院は、称名念仏が尊い理由を「普益万機」すなわち「すべての人々を普遍的に利益する」からだと言っている。そして、称名念仏より深く高級なものとされる観想の念仏・実相の念仏を否定し、仏教をすべての人に有効に働くようにしたことを「楷定のいさおし」とか「楷定の腕力を振う」と表現し、「楷定」とは「升掛で米をひとならしになすこと」だと説明している。法然が仏道を歩む者を妨げる存在として群賊悪獣に喩えた聖道門仏教をなぎ倒したのだと。この激しい表現は、専修念仏が蒙った死罪を含む大弾圧を考慮すれば、なるほどとうなずくことができる。差別と抑圧を調和や保護だと言い換える支配イデオロギーとしての仏教が根拠としたのは深く高級な外見をまとった仏教形而上学だったからである。『歎異抄』の表現を借りるなら、「南都北嶺のゆゆしき学生」の仏教だったからである。

七、仏教形而上学から仏教プラグマティズムへ

仏教は単に救済を求める宗教ではなく、自利利他円満なる実践として構築されている。とりわけ、大乗仏教は、「自利」を差し措いても「利他」を追及するというスローガンに満ちている。そのなかで、阿弥陀如来の臨終来迎や念仏という実践が登場したのは仏教本来の「諸法無我」とか「諸法実相」といった形而上学に反するある種の「呪術」あるいは「迷信」だとみなされかねないことであるばかりでなく、この「利他」性を損なうという側面があると言ってもいいだろう。すなわち、浄土教には、自利利他円満の仏教から人間を単なる救済の客体とみなす宗教への後退になりかねない側面がある。したがって、浄土教が仏教の中に登場した早い時点から、それを「本来」の形而上学的立場へ戻すための苦労がなされてきた。つまり、天親（世親）の『浄土論』は、阿弥陀の臨終

来迎や称名念仏などの「呪術的」要素はほとんど含まず、五念門という自利利他円満の実践を中心として描かれている。すなわち、礼拝・讃嘆・作願・観察の前四門が自利の入の門、最後の回向が利他の出の門という具合である。

ところが、天親が説く「入＝自利」のなかの「作願」は「奢摩他」すなわち「止」であり、「観察」は「毘婆舎那」すなわち「実相観」（香月院の念仏四分類によれば「実相念仏」）に極めて近い。そのままでは、到底自利利他というその語が持つ意味を満足に働かせるものではなく、かえって平和と平等の阻害要因となりかねない。そこで、曇鸞による『註』を踏まえた法然・親鸞による阿弥陀・極楽浄土の仮説の復活によって、再び仏教が満足に働く方向へ舵を切った。こういう流れではないかと思う。すなわち、

①観念的ではあるが自利利他円満を主張する仏教的形而上学の成立
②救済を求める切望から、ある意味では仏教的形而上学に反する実体的な阿弥陀如来や極楽浄土の出現
③阿弥陀如来や極楽浄土をもとの仏教的形而上学に還元する営為
④阿弥陀如来や極楽浄土を仏教的形而上学が本来求めたものとして働くようにプラグマティックに再構築する

という四段階である。

親鸞と法然はこの第四段階に位置づけられると思う。私は、すでに述べたように親鸞の立場は法然のプラグマティックな態度を変更することなく、仏教の伝統的な用語を使用して説明しきるということだったと思っている。しかも、それは法然自身も時折見せる仏教的形而上学の幽霊に取りつかれた者に対する配慮としてなされたのであって、阿弥陀如来や極楽浄土の生き生きとしたイメージを消し去るためになされたのではない。いや、この言い方では不十分だ。極楽浄土の生き生きとしたイメージというと八功徳水《はっくどくすい》にあふれ迦陵頻伽《がりょうびんが》が飛び交うようなものを連想させてしまうかもしれない。私が生き生きという言葉を使ったのは、批判原理としての生き生きとしたイメージのことである。すなわち、曇鸞が二十九種の浄土の功徳荘厳の説明のトップ、荘厳清浄功徳成就の「勝過三界道」を説明する際に言ったつぎの言葉である。

仏本この荘厳清浄功徳を起したまへる所以は、三界を見そなはすに、これ虚偽の相、これ輪転の相、これ無窮の相にして、蚇蠖〔屈まり伸ぶる虫なり〕の循環するがごとく、蚕繭〔蚕衣なり〕の自縛するがごとし。あはれなるかな衆生、この三界に締〔結びて解けず〕られて、顛倒・不浄なり。衆生を不虚偽の処、不輪転の処、不無窮の処に置きて、畢竟安楽の大清浄処を得しめんと欲しめす。このゆゑにこの清浄荘厳功徳を起したまへり。

〈私訳＝法蔵菩薩が極楽の装備〔荘厳〕に関してこの「清浄功徳」の願いを立てた理由は、諸々の衆生が暮らす世界〔三界〕が尺取虫が同じところをぐるぐる回ったり蚕が自らを繭で縛り付けてしまって解放されないような濁世に暮らしているのを見たからである。衆生を根底から解放するために清浄な世界での安楽を獲得させるためである。〕

これは極楽がどのように清浄であるかの説明ではない。この世〔三界〕がどのように不浄であるかの説明である。すなわち、極楽国土の生き生きとしたイメージとは、この世を批判的に生き生きとみることである。それは、高木顕明が「余が社会主義」で願生浄土の思いが生じたこと、弥陀の声が聞けたことのゆえんとして語っているつぎの言葉と同じである。

実に左様であろ。或一派の人物の名誉とか爵位とか勲賞とかの為に一般の平民が犠牲となる国ニ棲息して居る我々であるもの。或は投機事業を事とする少数の人物の利害の為めに一般の平民が苦しめられねばならん社会であるもの。富豪の為めには貧者は獣類視せられて居るではないか。飢に叫ぶ人もあり貧の為めに操を売る女もあり雨に打るゝ小児もある。富者や官吏は此を翫弄物視し是を迫害し此を苦役して自ら快として居るではないか。／外界の刺激が斯の如き故ニ主観上の機能も相互ニ野心で満ち〳〵て居るのであろ。実に濁世である。苦界である。闇夜である。悪魔の為めに人間の本性を殺戮せられて居るのである。(18)

このように、われらが生きる現実を、敢えてこれを正そうとし、これを変革されるべきものとしてはっきり見据えるために、批判原理としてプラグマティックに満足に働く（to work sufficiently）ものとして、方便法身阿弥陀如来と極楽浄土は要請されているのである。そのように要請されて満足に働く阿弥陀如来は、諸法無我の真理に昏い実体化だとか迷信だとか言われても、消してはならぬものなのである。

先にも述べたように、近世大谷派の中心となった教学は、東本願寺の東側にある高倉通りに学寮が建設されたことに由来して、「高倉教学」と呼ばれることが多い。香月院はこの高倉学寮の中心的存在だった。それは親鸞の透徹した論理を踏襲しつつ、実体化されたと誤解されるような阿弥陀如来と西方十万億土の極楽浄土のイメージを簡単に手放さない「教学」であった。高倉教学は、よくこのような批判原理としての浄土のイメージを墨守した教学ではなかったのかと思う。確かに、現世で実相の念仏を実現したかのような気分になる者を「一益法門《いちやくほうもん》」の異安心と厳しく批判したが、臨終往生や来世の成仏にこだわったわけではない。法然と親鸞が何にこだわって称名念仏という「いっち浅い」念仏を本願正定業としたかを最もよく理解していた教学だったと思われる。香月院が何にこだわったかというと、法然が古今の仏教を楷定した根拠たる「平等の救済」である。ふたたび、「余が社会主義」を引用する。

詮ずる処余ハ南無阿弥陀佛には、平等の救済や平等の幸福や平和や安慰やを意味して居ると思ふ。

その通りである。仏教プラグマティズムの立場から言えば、「詮ずる処」阿弥陀仏は平等平和を意味して有効に働けばそれでいいのである。そして、その限りにおいては極楽浄土を真と仮に分かつとか阿弥陀如来を法性法身と方便法身として論ずる必要はないのである。また、真の平等平和は、現に皇国日本に実現されてあるのではなく死後にあるのだということで十分なのである。それは、皇国日本の実態が「或一派の人物の名誉とか爵位とか勲賞とかの為に一般の平民が犠牲となる国」であり「投機事業を事とする少数の人物の利害の為めに一般の平民が苦しめられねばならん社会」であることが深く知られて「阿弥陀さんの平和と平等っていいですね、私もそのくにに所属したいです。南無阿弥陀仏」と声に出す者は「極楽の人数なればなり」と知れたからである。極楽の人数は、自分もその一員である国が「他方之国土を侵害したと云ふ事も聞かねば、義の為ニ大戦争を起したと云ふ事も一切聞れた事はない」から、アジアを侵略し臣民に殺し殺されることを強いるこの濁世に立って「よりて余は非開戦論者である」という生き方ができるからである。往生成仏は死後に想定・約束されていれば十分なのである。そのことによって、平和と平等の希望をあきらめないで現在を生きることができるからである。これを、法然は「現当《げんとう》二益《にやく》」（現在と当来〔未来〕の二つの利益）と言い、親鸞は「現生正定聚」と言った[19]のである。

しかしながら、こうしたプラグマティックな信心に迷い、戦争があっても奴隷の境涯にあっても変わらぬ信仰を求めるなどといった逸脱に走り、自他を苦しめる者たちのためには、極楽浄土を真と仮に分かつとか阿弥陀如来を法性法身と方便法身として論ずるような説明も必要になる。もちろん、それは他者に説き聞かせるというようなものに終始するのではなく自らの信仰の省察として行なわれるものなのである。そのことによって、仏教は真に自利利他円満なものとして働く。親鸞の『唯信鈔文意』や『一念多念証文』などに示された複雑な仏身論は、そうした省察の重要な一例なのである。親鸞は、仏教形而上学にほとんど関わらなかった法然とは違い、法性法身だとか無為涅槃だとか諸法実相などといった述語もその著作で多用しているが、それは法然の「楷定のいさおし」を無駄にするためではなく、楷定の意味を明らかにするためになされたのである。

以下、二法身と二身の関係について香月院の解説によってより詳しく説明することは、真宗教学の中身に入ってさらに専門的な議論が必要になるので、次章で取り組むことにする。

〈注〉

(1) 本書第三章（初出＝『同朋仏教』第五三号、二〇一七年）参照。なお、ここで往相還相を「往相する」「還相する」というように動詞であらわすことは厳密に言えば、不正確である。つまり、往相とは、穢土から浄土に往生する相《すがた》、還相は浄土から穢土に還来する相《すがた》という意味である。つまり、往相回向とは「（衆生に）阿弥陀如来の往相回向が現れること」、還相回向とは「（衆生に）阿弥陀如来の還相回向が現れること」とした方が正確であるともいえる。しかし、この表現では、往還するのが衆生なのか阿弥陀（法蔵）なのかという最も大切な点が曖昧になりかねないので、多少不正確でもこの動詞表現も併用しようと思う。

(2) 「仏教（的）形而上学」とは、私（菱木）の造語である。通常「形而上学」と言えば、アリストテレスの「メタフィジカ」の翻訳語として用いられ、アリストテレスの主張とほぼ同一の立場、すなわち、実体・属性の存在論と論理学を前提するが、この「メタフィジカ」とは、「フィジカ（自然学、英語などのphysicsの原語）」の「メタ（後の、つぎの、以外の、別の領域の）」という意味である。「フィジカ」はわれわれが素朴に「有る」と考えているさまざまなものについての学であるが、「メタフィジカ」は、何らかの「ものが有る」と考えていることの「つぎの、以外の、別の領域」として、「そもそも『有る』とはどういうことか」を考える学である。その中心的問いは「有るもの」ではなく「有るものにおける『有る』ということ自体」である。ハイデッガーの有名な言葉を引用すると「存在するものは存在するが存在は存在するだろうか」という問いのことであると言ってもよい。

これについて、アリストテレスは、「有るもの・存在するもの」の背後あるいは基底に「有るものを有らしめる」ところの「実体（ギリシア語でοὐσία、ラテン語ではsubstantia）」を想定した。これを「存在としての存在」とか、もう少し厳密に「存在するのにそのもの自身以外の他の何ものも必要としないもの」などと定義することもある。また、この立場は中世キリスト教のスコラ哲学にも引き継がれ、「存在としての存在」を「有りてあるもの＝神」と「有らしめられてあるもの＝被造物」との対概念として表現されるようにもなった。これがホワイトヘッドの言う、「キリスト教は形而上学を探求する宗教」ということであろう。

しかし、仏教においては、まさにこの「存在するのに他の何ものも必要としないもの」を認めないこと（諸法無我）がその存在論の基本である。すなわち、仏教においては、あらゆるものはさまざまな条件（縁）と原因（因）によって仮にそのようなものとして生ずる（これを「縁起生」と言う）のであって、「それ自身で存在するものは無い（これを「無自性」と言う）」、そして、存在するものの「後の、つぎの、以外の、別の領域」としては「空（śunyatā）」と答える。『中論』などは、「八不中道」のような「Aでないし、Aでないのでもない」というような議論にあふれている。こうした議論の創始者にして大成者が龍樹（nāgārujna）である。したがって、仏教のこのような立場をアリストテレスに由来する「形而上学」という言葉で表現することに違和感を抱かれる向きもあるかもしれない。しかし、これもまた「有るもの」の「後の、つぎの、以外の、別の領域」についての議論であるから、「形」すなわち有るものについての学の「而上の学」、つまり、「形而上学」と呼んでも差し支えないと思う。

（3）『註論講苑』のこと。続真宗大系第二巻、第三巻所収。文化四年及び五年（一八〇七、一八〇八年）の安居夏講。一九七三年に法蔵館から合冊の復刻版が香月院深励『浄土論註講義』というタイトルで出版されている。引用はこの復刻版によるが、通し頁数は続真宗大系本と変わらない。

（4）天台智顗（五三八‐五九七）『摩訶止観』巻六下にある「就境為法身、就智為報身、起用為応身」。天台智顗は曇鸞より後の時代の人であり、善導はさらにその後の時代である。したがって、親鸞は、善導の「阿弥陀如来は（応化身ではなく）報身だ」といういわゆる「是報非化」の主張を念頭において、「阿弥陀は（曇鸞から言えば方便法身であるが）わが師法然と善導の立場から言えば報身である」と述べたというほうが実情に合うかもしれない。

（5）阿弥陀如来をそのまま法性法身であるとしてしまえば不生不滅ということになるが、あくまでも方便法身であるとすれば、不滅ではあっても不生ではない。このことは、のちに香月院深励の所説と関連付けて詳しく説明する。香月院は「不生不滅」という概念ではなく「無始無終」という概念を使用して阿弥陀仏は「無始無終ではなく有始無終である」としている。後述『註論講苑』四二頁。

（6）大谷派近代教学に属する人たちがアマテラスや天皇と阿弥陀如来を同一視して真俗一諦論を展開したのは、おそらく、この『唯信鈔文意』の議論や『教行信証』の証巻にある「しかれば弥陀如来は如より来生して、報・応・化種種の身を示し現わしたまうなり」を背景にしている。たとえば、暁烏敏は、アマテラスどころか天皇も阿弥陀如来と一体であると述べていたことで有名であるが、その理由を「阿弥陀仏は釈迦にもなり、提婆にもなり、阿闍世にもなり、韋提希にもなり、鈴木（大拙）さんにもなり、暁烏にもなられるのである」（『暁烏敏全集』一九巻、全集刊行会・涼風学舎、二四三～二四四頁）と述べていることからもわかる。（村山保史の第76回日本宗教学会大会での発表に示唆を受けている。）

（7）香月院深励『文類聚鈔講義』に「証巻の初めに真実報土の無上涅槃の証《さと》りの相《すが》たを明かして「無上涅槃は即ち是無為法身なり。無為法身は即ち是実相なり。実相は即ち是法性なり。法性は即ち是真如なり。真如は即ち是一如」との玉ふ。その次に「然れば弥陀如来は如より来生して」等とあり。ここは妖物屋敷なり。こう云ふ化け物屋敷は随分掃除してキツネタヌキの来ぬようにするがよひ」とある。前注に触れたようにこの個所から「アマテラスは阿弥陀如来の化身」が出てくるのである。まさに「妖物屋敷」である。言及する際には香月院自身が必ず「恐れながら」などの形容詞を付加させる宗祖親鸞の著作の文言について「妖物屋敷」は穏やかではない。香月院はけっして単なる親鸞伝統権威主義者ではないのである。

（8）『註論講苑』四三頁。

（9）松岡由香子『仏教になぜ浄土教が生まれたか』（ノンブル社東西霊性文庫⑤、二〇一三年）によると、初期経典には生天説話はほとんど登場せず、生天思想は、むしろ（死後にまで継続する）欲望の肯定として批判の対象となっているとされている。そのなかから、生天思想と見紛う来迎・称名中心の浄土経典が生まれたのだから、それを仏教的な形而上学に戻そうとする「非神話化」は浄土教発生の当初からあったのである。

（10）A.N.Whitehead, *Religion in the Making*, The Macmillan Company, 1926.

（11）前掲の松岡によれば、そもそも天親『浄土論』がその代表例とされてもいる。

（12）実際にはこのような表現になっているのではなく、阿弥陀如来や極楽国土には最大の尊敬と帰依が払われる述べ方になっている。そうでなければ、その仮説は満足に働かない。しかし、学問も智慧も金もない自分たちには仏教なんてものには縁がないと思っていた「一文不知の尼入道」「在家止住の男女たらんともがら」にとっては、法然の説法は「阿弥陀さんや極楽浄土っていうのはあなたのためにあるのだ」と聞こえるのである。

（13）プラグマティズムにおいては、アリストテレス由来の「実体属性の論理」と仏教形而上学の「空の論理」のように互いに相容れない「メタフィジカ」についての無用な真偽決判を避け、議論の実生活上での有用性を基準にしてこれらを思考の道具として用いるにとどめる。したがって、プラグマティズムは、けっして反形而上学や反宗教ではない。プラグマティズムは宗教的信念から直ちに形而上学的真理を演繹したり、その逆に形而上学的な形式論理から神の存在の証明をするような越権を慎むだけである。私は、この態度が、仏教を平等実現の道具とみなす法然の思考方法とよく似ていると考えている。よって、私はそれを

「仏教プラグマティズム」と呼ぶ。法然は（親鸞もまた）、仏教形而上学の修得たる奢摩他毘婆舎那（止観）を雑行とか余行と呼ぶが、けっして反仏教ではない。実体化を否定する「虚無之身無極之體」でも「西方十万億土」に実体化された迦陵頻伽の飛び交う極楽浄土でも、平和と平等に有効に働けばどちらでもいいのである。ただし、実際に有効に働く条件は何なのかについての探求はどちらでもいいというわけにはいかない。

私がプラグマティズムをはっきりと意識したのは、二〇〇五年前後のことであり、一定の論述としたのは「プラグマティズムとしての専修念仏」（『宗教研究』第85巻3輯、二〇一二年三月に要旨収録）がはじめかもしれない。興味のある方は参照されたい。

(14) この言葉自体は、法然ではなく、親鸞の言葉。親鸞の書簡を集めた『末燈鈔』一に、法然の『選択集』第一「二門章」の教相判釈を踏まえて「選択本願は浄土真宗なり。（中略）浄土真宗は大乗のなかの至極なり」とある。

(15) 香月院深励講述『選択集講義』第一分冊五十二丁右。筆者（菱木）所有の和綴じ木版。法蔵館の前身・西村七兵衛刊、校訂者は小来栖香頂（一八三二 - 一九〇五）。一八八五年頃刊行。筆者所有本の奥付によると、一八八六年出版らしい。一九八〇年頃にこれの影印本が法蔵館から出版されている。

(16) 香月院『選択集講義』第一分冊五十二丁右から五十五丁左。この引用に登場する王本願、つまり、『大無量寿経』に説かれる法蔵菩薩の四十八願中の第十八願や『観無量寿経』に登場する下品下生の項など、細部の解説は省略するが、要するに、浄影寺慧遠（五二三 - 五九二）・天台智顗（五三八 - 五九七）などの仏教形而上学の達人が『観経』の念仏を実相の念仏や観想の念仏と解釈したのに対して、光明善導（六一三 - 六八一）がこれらをなぎ倒して仏教プラグマティズムを押し通したのであり、日本に於いてそれを体現したのが黒谷の法然だという説明であることを理解いただきたい。
(17)私は、法然に仮託される『三昧発得記』を念頭に置いているが、必ずしもこれを本当に法然が記したものと思っているわけではない。
(18)前掲拙著『極楽の人数』、一六一頁。
(19)法然の「現当二益」は『選択集』第十一讃嘆念仏章、親鸞の「現生正定聚」は『教行信証・信巻』現生十種の益にある。

第五章　プラグマティズムとしての仏身論——神の仮説と方便法身

一、二法身と二身の同異

前章第七節に試論的に提示した浄土教の発展の四段階の最後「阿弥陀如来や極楽浄土を仏教形而上学が本来求めたものとして働くようにプラグマティックに再構築する」というところに法然・親鸞の専修念仏が位置する。法然は、仏教の自利利他円満とは要するに平等な救済であると考えて、仏道がそのために有効に働くには、仏教形而上学が目指すものを称名念仏一つに込めてしまい、形而上学的で煩瑣な用語は前面から遠ざけてしまった。そして、親鸞は、法然と共にこの四段階目に属するのだが、法然とは異なり、法性法身だとか無為涅槃だとか諸法実相などといった仏教形而上学的述語も多用している。それは、そうした用語をプラグマティックに働くために多用したのであって、仏教形而上学を復活させるためではない。この方向から、仏教の自利利他円満は、独特な往還二回向論へと転換された。これは、浄土教の救済教的実質を弥陀の本願力回向として残しつつ、衆生自身の浄土往生と同じく衆生自身の穢土への還来という形で、自らが自利利他円満の解放の主体となるという仏教の本来性を実践的に確保するものであった。このことについては、第三章「真宗伝統教学再考——高木顕明の還相回向論のルーツを求めて」で詳しく論じた。

しかし、親鸞以前はもちろん、以後も、仏教形而上学の魔力は人びとを惹きつけてやまず、とりわけ、大谷派近代教学においては、それは看過できないものにまでなったのではないかと思う[1]。親鸞の往還二回向論は、衆生自身の往還のイメージによって、私たちを単なる救済の客体と捉えるのではなく、解放の主体となる希望に生きることを可能にさせるものである。ところが、近代教学は、それを絶対他力だとか絶対無限などといった受動的イメージを増幅させることによって、親鸞思想を滅私奉公の哲学に替えてしまったのではないかと思える。本章では、この問題を往還二回向論と密接にかかわる仏身論の相違として、往還論同様これを真宗大谷派の学僧・香月院深励の導きによってより詳しく紹介する形で進めようと思う。また、浄土教の仏身論は曇鸞の『浄土論註』に登場する法性法身・方便法身の二法身と為物身・実相身の二身の同異の問題として現れるので、香月院の「論註講義録」である『註論講苑[2]』をよりどころとしてそれに集中しようと思う。

二、法身とは何か

二法身と二身はいずれも『論註』の下巻、すなわち、『論』の解義分（天親が自らの偈文に自らその意義を解釈した散文の部分、「長行」とも言う）の注釈に登場する。登場の順序は二身が先で二法身があとなのだが、論理的な構造としては二法身から説明したほうがいいと思われる。というのは、「法性法身・方便法身」という二法身はジェイムズが言うところの「存在命題」に属していて、いわば、形而上学の領域に属する概念と言える。一方、「実相身・為物身」という二身は「価値命題」に属しているものとしてプラグマティックな観点から解釈すべきであると思われる。したがって、「両者はそれぞれ異なる知的活動に由来するものであり、精神は、はじめ両者を分離しておいて、その後で両者を加え合わせるという方法によってはじめて、両者を結合する」という方法で解釈されるべきであろう。

二法身にかかわるテキストはつぎの如くである。まず、『論』の解義分「浄入願心章」の文言。

向《さき》に荘厳仏土功徳成就と荘厳仏功徳成就と荘厳菩薩功徳成就とを観察することを説けり。この三種の成就は、願心をもつて荘厳せり、知るべし。略して一法句に入ることを説くがゆゑなり。一法句といふはいはく、清浄句なり。清浄句といふはいはく、真実智慧無為法身なるがゆゑなり。

『論』は、天親自らが、偈文で極楽浄土の環境を描写した理由を、「一法句に入るため」としている。すなわち、本質的には色も形もない無限定の「真如」「実相」に入るということだが、真如・

実相という言葉を使えばそれもまた限定された言葉となるのでさらに抽象的に、あるいは、仮に「一つの真如《ダルマ》の語句」とでも名付ける仏教の真理を証ってもらうためだと説明しているわけである。そして「言葉にならない真理（一法句）」とそれを表す「色形のある浄土の荘厳（荘厳仏土功徳成就と荘厳仏功徳成就と荘厳菩薩功徳成就）」との関係を、「広」すなわち、浄土の荘厳（国土荘厳）十七種とその住人の荘厳（仏荘厳・菩薩荘厳）十二種の全二十九種の荘厳と、「略」すなわち一法句との関係で説明するとしている。

つづいてこの部分についての曇鸞の『註』だが、直接的には「略して一法句に入ることを説くがゆゑなり」の部分についての註だけを掲げる。そこに『論』にはない「法性法身・方便法身」の概念が登場するのである。以下の如くである。

上の国土の荘厳十七句と、如来の荘厳八句と、菩薩の荘厳四句とを広となす。一法句に入るを略となす。なんがゆゑぞ広略相入《こうりゃくそうにゅう》を示現するとなれば、諸仏・菩薩に二種の法身まします。一には法性法身、二には方便法身なり。法性法身によりて方便法身を生ず。方便法身によりて法性法身を出す。この二の法身は異にして分つべからず。一にして同ずべからず。このゆゑに広略相入して、統ぶるに法の名をもつてす。菩薩もし広略相入を知らざれば、すなはち自利利他することあたはざればなり。

仏教プラグマティズムの立場からいえば、二法身についての解釈は、形而上学的説明を実生活に直接反映させようとする哲学青年的悪趣味を排除しつつ、気楽に肩の力を抜いて取り組むべきだろうと思う。つまり、形式的な説明で充分ともいえる。

天親が長行《じょうごう》で述べていることは、「私が偈文で述べた浄土（器世間）とそこの住人（衆生世間）の様相は、結局のところ、仏の願心が表現（荘厳）されたものであるから、仏道の究極の真理を表しているのだ」ということであろう。究極の真理は「一法句」とか「清浄句」とかさらには仏身論的表現をすれば「真実智慧無為法身」というように表されるのであるが、これは言葉にしてしまえば必ず一定の限定を受けるので矛盾した言い方にならざるを得ないものである。

これについての『註』はこうした究極的真理なるものが、「詮ずる処…平等の救済や平等の幸福や平和や安慰やを意味して居る」[3]ことさえきちっと押さえておけばよいという柔らかな表現として読み取ればいいと思う。「菩薩もし広略相入を知らざれば、すなはち自利利他することあたはざればなり」というのはそういう意味である。つまり、「略」とされる一法句だとか無為涅槃だとか無為法身という概念が示すのは、自らの証り、つまり自利の側面であるが、それは、「広」とされる浄土の荘厳が現実の濁世の批判原理としてあらわされていることから明らかなように、平等の救済や平等の幸福といった利他を成就させるためなのだ、という意味である。仏教を平和と平等のために有効に働くものにするという観点からはこれで充分である。充分なのだが、なお気がかりな仏教形而上学的表現がある。それが、法性法身と方便法身である。

二法身のうち方便法身はとにかく色や形があるわけだから、「身（kāya）」とされるのはなんとかわかる。つまり、観察の対象とみなすことができる。しかし、法性法身の方は「一法句」とか「清浄句」というように表されるのであるから、普通の観察の対象ではないのはもちろん、毘婆舎那と呼ばれる超越的観察の対象であるかどうかも疑わしい。「身」とみなすのはそこから方便法身が「生」ずるから、あるいは、色と形がある方便法身によって真如の彼方から引き「出」されたものだからである。これを曇鸞は「法性法身によりて方便法身を生ず。方便法身によりて法性法身を出す」と表現したのであろう。天親が、称名という呪文めいた行為によって臨終に来迎する様相を有する阿弥陀仏神話を、抽象的な「真実智慧無為法身」と表現して仏教形而上学に還元したことを受けて、もう一度色も形もある「身」、すなわち、「方便法身」に戻したのであろう。法性法身は、無為涅槃だとか諸法実相と表現されることと基本的には同じことだから、凡夫が知ることはないものである。凡夫はそれを知ることはないが、「生」じた方便法身によってその成果を回向されて真如法性を証ったのと同じ効果が「出」現するのである。だから、煩悩成就の凡夫は法性法身を証ったりそれと合一するなどということはなく、ただ方便法身とだけつながるのである。

私がそのように解釈するのは、曇鸞が浄土教の仏教形而上学への還元に抵抗している箇所がいくつかあるからである。たとえば、浄土の二十九種荘厳（十七種の国土荘厳、八種の仏荘厳、四種の菩薩荘厳）のうちの仏荘厳の第二「身業功徳」についての『註』である。身業功徳をあらわす偈文は「相好の光一尋なり、色像、群生に超えたまえり」というもので阿弥陀仏の仏身の輝きを示しているものである。この身業功徳のところに、いささか突然の観がある『観経』第八像観の「是心作仏是心是仏」を出しての問答がある。『観経』は、『浄土論』の偈文と同じく、表面的には観想念仏を前面に出している。それも、仏教形而上学の核である実相念仏に接近していく傾向が濃厚な文言もある。とりわけ第八像観の「是心作仏是心是仏」はそうである。この部分を善導は自身の『観無量寿経』の詳細な注釈書『観経疏』の「定善義」で、観経解釈において論敵に想定されている天台智《ち》顗《ぎ》や浄影寺慧遠《じょうようじえおん》らの諸師のごとくに仏教形而上学に戻さないために厳しい問答を設定している。そのなかで、自らの立場が『維摩経』に説くような実相念仏でないことをつぎのような強い口調で述べている。以下の如くである。[4]

あるいは行者ありて、この一門の義をもつて唯識法身の観となし、あるいは自性清浄仏性《じしょうしょうじょうぶっしょう》の観となすは、その意はなはだ錯《あやま》れり。絶えて少分もあひ似たることなし。すでに像を想へといひて三十二相を仮立せるは、真如法界の身ならば、あに相ありて縁ずべく、身ありて取るべけんや。しかも法身は無色にして眼対を絶す。さらに類として方《くら》ぶべきなし。ゆゑに虚空を取りてもって法身の体に喩ふ。またいまこの観門は等しくただ方を指し相を立てて、心を住めて境を取らしむ。総じて無相離念を明かさず。如来（釈尊）はるかに末代罪濁の凡夫の相を立てて心を住むるすらなほ得ることあたはず、いかにいはんや相を離れて事を求むるは、術通なき人の空に居して舎を立つるがごとしと知りたまへり。

これは、第八像観に登場する「是《ぜ》心《しん》作《さ》仏《ぶつ》是《ぜ》心《しん》是《ぜ》仏《ぶつ》」について善導が建てた問答の結語に相当する所だが、これが曇鸞の『註』の身業功徳に関する問答と解釈によく似ているのである。専修念仏にとって重要な一文なので私訳も掲げておく。

この（是心作仏・是心是仏という言葉が述べられている）個所を唯識や如来蔵思想が述べている「法身」のことだとか、実相観に基づく自性清浄の仏性観だと解釈する者がいたら、それは甚だしい誤解である。ここで述べられていることはそうした仏教形而上学とは少しの類似もないことである。像観は三十二相などを想定して思い浮かべることを説いているのである。真如法界の身ならばそういう相《すがた》がそもそもないのである。しかも法身には色も形もないから眼識の対象ではないし、類似・比喩で語ることもできない。この像観に述べられていることは、西方十万億土というように指方立相で対象を示しているのであり、無相離念を説いているのではない。

釈尊はここで指方立相《しほうりっそう》を説いてはいるのだが、それですら差別と殺戮のあふれる末代の凡夫には手が届かないのだ。ましていわんや相を離れた法性法身を求めるなどということは何の技術もないものが空中に居て家を建てるようなものだと（釈尊は）先刻ご承知である。（「だから、専修念仏には実相念仏も観想念仏もないのだ」と付け加えるとよくわかるのではないだろうか）。

香月院はこれを「今鸞師は諸師よりも前にありて而も善導の御釈と意一致なり」(5)としている。この個所は、専修念仏＝仏教プラグマティズムの仏身論にとって極めて重要である。では、この善導の問答を先取りしたかのような曇鸞の『註』の問答を以下に掲げる。

問ひていはく、『観無量寿経』にのたまはく、「諸仏如来はこれ法界身なり。一切衆生の心想のうちに入る。このゆゑに、なんぢら心に仏を想ふ時、この心すなはちこれ三十二相・八十随形好なり。是の心作仏す。是の心是れ仏なり。諸仏正遍知海は心想より生ず」と。この義いかん。答へていはく、「身」を集成と名づく。「界」を事別と名づく。眼界のごときは根・色・空・明・作意の五の因縁によりて生ずるを名づけて眼界となす。これ眼ただみづからおのが縁を行じて他縁を行ぜず。事別なるをもつてのゆゑなり。耳・鼻等の界もまたかくのごとし。「諸仏如来はこれ法界身なり」といふは、「法界」はこれ衆生の心法なり。心よく世間・出世間の一切諸法を生ずるをもつてのゆゑに、心を名づけて法界となす。法界よくもろもろの如来の相好の身を生ず。また色等のよく眼識を生ずるがごとし。このゆゑに仏身を法界身と名づく。この身、他の縁を行ぜず。このゆゑに「一切衆生の心想のうちに入る」となり。「心に仏を想ふ時、是の心すなはちこれ三十二相・八十随形好なり」といふは、衆生の心に仏を想ふ時に当りて、仏身の相好、衆生の心中に顕現するなり。たとへば水清ければすなはち色像現ず、水と像と一ならず異ならざるがごとし。ゆゑに仏の相好の身すなはちこれ心想とのたまへるなり。「是の心作仏す」といふは、心よく仏を作るといふなり。「是の心是れ仏」といふは、心のほかに仏ましまさず。たとへば火は木より出でて、火、木を離るることを得ず。木を離れざるをもつてのゆゑにすなはちよく木を焼く。木、火のために焼かれて、木すなはち火となるがごとし。「諸仏正遍知海は心想より生ず」といふは、「正遍知」とは真正に法界のごとくにして知るなり。法界無相なるがゆゑに諸仏は無知なり。無知をもつてのゆゑに知らざるはなし。無知にして知るはこれ正遍知なり。この知、深広にして測量すべからず。ゆゑに海に譬ふ。

順を追って説明しよう。この前には、阿弥陀如来の身の高さは六十万億那由他恒河沙由旬だなどということが『観経』第九真身観の言葉によって述べられているのだから、問いは唐突の観を禁じえない。香月院はこの問答を「とき、この問答突起するに似たり。何の縁もなきに『観経』像観の文を引きて是義云何と問ふて、答にはこの経文を釈し給ふ。何故の問答なるやと云ふに、末疏に多義あれども何れもほっこりとせず」として、「(是心作仏・是心是仏を) 若し誤り解して聖道門の自性唯心の観に濫ずるものあらんやと恐れて、この一問答を設けて経文の正意を釈しあらはし給ふ也[6]」と結論づけている。まず、問いの部分の逐語訳を示そう。

「『観経』の第八像観に『諸仏如来は法界身であって、(仏が) すべての衆生の心想の中に入ってくる。だから汝らが心に仏を想うとき、是の心がそのまま仏の三十二相、八十随形好のすがたとなる。是の心が作仏し、是の心がそのまま仏である。諸仏の正遍知海は心想より生ずる』と説かれている。この経説はいかなる意味か」

この問いの中にある「是心是仏(是の心がそのまま仏である)」という言葉を、香月院が『選択集講義』で説明しているところの「実相念仏」のこと、あるいは「自性唯心」のことだと思うのは無理もないことなのだが、それが一番問題なのである。そのように理解したのでは、専修称名念仏が平和と平等に有効に働かない仏教形而上学に逆戻りしてしまう。善導・法然の仏教プラグマティズムはこの逆転を阻止することによって成立したのである。不思議なことに曇鸞の身業功徳にある問答はずっと後の善導や法然の仏教プラグマティズムを先取りしているかのように展開する。『註』の「答」の部分を見てみよう。「答えて曰く」の全文を二段に分けて説明する。前段は、水に映る色像の喩えと木から火が生じて木を焼くという喩えの二つの喩えの前までである。

法界身について

最初は「法界身」という言葉の意味についての解説である。これを理解するためには大乗仏教の認識論を頭に入れておく必要がある。このためには、まず、「十八界」という考え方を知っておく必要がある。「十八界」とは、十八の領域、あるいは、カテゴリーのことだが、これによって「一切法」、すなわち、「すべての存在」を示しつくすものとされ、上の図のようになる。

六識（認識主観）	六境（対象）	六根（感覚器官・機能）
眼識	色	眼根
耳識	声	耳根
鼻識	香	鼻根
舌識	味	舌根
身識	觸	身根
意識	法	意根

なぜ「界」という言葉を使うかというと、「『界』を事別と名づく」で、それぞれの領域が独立して他と交わらないからである。つまり、眼という視覚器官（眼根）は声や香を対象（境）にすることはないし、眼根（眼球及びその機能）があっても色・形がなければ色・形の知覚（眼識）は成立しない。つまり、眼根は、耳根や舌根に対して独立しているだけでなく、色形という「境」やその知覚とも区別されるわけである。だから、すべての存在は十八界となる。ただ、これだけでは「眼界のごときは根・色・空・明・作意の五の因縁によりて生ずるを名づけて眼界となす」の意

味が分かりにくいかもしれない。ここで「眼界」と言われているのは、図表の「眼識」のことである。香月院の『註論講苑』によると、「この眼界と云ふは眼識の事なり、新訳家ではたゞ眼と云へば眼根のこと、識なれば眼識と云ふが定まりなれども、旧訳家にはこんなきまりがない。眼根の事を眼と云ひ又眼識のことを眼と云ふ事もあり。此処は眼識なり。十八界の一つなる故に界の字をつけるなり」とある。つまり、眼識は「(眼)根」「色」「空(間)」「明(明るさ)」「作意」の五つの縁(条件)がそろって成立するというわけである。五つの条件のうち、初めの二つは「根」と「境」だから、「識」が成立する条件としてよくわかるが、「空(間)」「明(明るさ)」「作意」の三つはわかりにくいと思う。「空(間)」は視覚が成立する条件と言えるか、難しいところである。カントによれば、「空間」は認識主観のアプリオリな統合形式である。認識が成立する「条件(縁)」とは言えようが、「根」と「境」が条件(縁)となるというのとは次元が異なるのではないだろうか。「明(明るさ)」もそうである。さらに問題なのは「作意」という縁である。「作意」とは「心所《しんじょ》」のことであると『講苑』に解説されている。おそらく、これがカントの言う「統覚」のことだと思われる。

以上、わかりにくいこともあるが、とにかく眼識は舌識や鼻識とは別だということで、このあとの「意識」も他の五識とは別の独立した識だと主張するための前提になっているのだと思われる。

つぎに、「『諸仏如来はこれ法界身なり』といふは、『法界』はこれ衆生の心法なり。心よく世間・出世間の一切諸法を生ずるをもつてのゆゑに、心を名づけて法界となす。法界よくもろもろの如来の相好の身を生ず。また色等のよく眼識を生ずるがごとし。このゆゑに仏身を法界身と名づく」の部分の解説にすすむ。「眼」の対象が「色」であるのと同じように「意（心）」の対象は「法（存在）」であるとする。「だから、心は目や耳がなくてもそれだけで「界」として独立していろんな存在を知覚できる」[7]。だから、『観経』像観に「一切衆生の心想のうちに入る」と書かれているのだ、というわけだ。したがって、「心に仏を想ふ時、この心すなはちこれ三十二相・八十随形好なり」と経に説かれているのは、（別にこの心がそのまま仏であるなどという大それた話ではなくて）「衆生の心に仏を想ふ時に当りて、仏身の相好、衆生の心中に顕現する」、つまり、阿弥陀仏を心のうちに想定すればそれなりにできるということである。だから、「是の心作仏す」というのは、文字通り心が仏を作り出すのだということ、「是の心是れ仏」というのはこの心のほかに仏はいない、阿弥陀仏とは阿弥陀仏の願いを聞いて「それっていいですね」と応じた我らの想定なのだということになる。まさに『歎異抄』第十二条に言う「本願を信じて念仏申さば仏になる」ではないか。今、私は「この心がそのまま仏であるなどという大それた話」という表現をしたが、そんな言い方をするのは、そういう大それた話がこの個所から化け物屋敷のように飛び出すからである。香月院はこうした「大それた話」の例として、例によって弥陀と衆生が「生仏不二（衆生と仏は不可分）」になるという西山義や、『翼解』[8]が『大乗起信論』による法界身の解釈援用を紹介していることを戒めている。『起信論』に出てくる「法界」はあらゆる存在の基底たる如来蔵（dharma-dhātu）のことで、その時の「心」はhrdayaであって、「如来蔵」あるいは「本覚」などとあらわされるものである。(9) しかし、この個所の「法界」は「心所」、すなわち、「心（cita）に属するもの」のことである。また、「心所」のほうはcaitta, cetasika, caitasikaなどの翻訳だと香月院は説明している。同じ「心」の翻訳が充てられているけれども二つは全然別のもので、眼識や耳識と対等な「意識」にすぎない。サンスクリットにもかなり精通していた香月院は『翼解』の『起信論』引用を戒めて「こゝらが間違ふ位では論註は解せられぬ筈なり」とあしらっている。

では、問答の残りの二つの喩えと結語の解釈に進む。

水の喩え・木と火の喩え

二つの喩えは、阿弥陀仏が法身とか真如とかから来生したなどという形而上学的説明はわきにおいてプラグマティックな「想定」であると理解すれば、何ら難しい喩えではないことがわかる。阿弥陀仏は私たちの想定（ウィリアム・ジェイムスの言う「神の仮説（a hypothesis of God）」）にすぎないのだから、私たちはそれと神秘的合一したわけではない。つまり、「一ならず」である。しかし、阿弥陀如来は、皇国とは他国を侵略し自国民に殺させる仕事を担わせる穢土だと了解してそれを厭離し、平和と平等の国の建立者・阿弥陀仏を欣慕する者の心と別なものでもない。「異ならざるがごとし」である。異ならないということについては、安田理深師の言葉を借りるならば、「（如来の）本願とは衆生の願いが純化されたものだ」といってもよいし、私はつぎのように言うことにしている。「平和と平等はわが身可愛いだけのこの私の即自的《アンジッヒ》な願いというわけではないが、私たちの中に確かにあると対自的《フュアジッヒ》に表現するほかはない願いである」。

そして、ひとたび私の心に南無阿弥陀仏の火が灯ったら、わが身可愛いだけの凡夫が時にそれを見失っても弥陀の大悲は倦かず常に私を照護し、ただの廃材だった私もまたいつの日か弥陀と変わらぬ火となって有縁々々の衆生を済度するにいとまなき身となるだろう。本当の平和と平等の国は虚空の如くでその住民は虚無の身・無極之體を得ていると聞くが、それは「無知をもつてのゆゑに知らざるはなし。無知にして知るはこれ正遍知なり」とされる阿弥陀如来と彼の土の方々だけが真正に知ることだろう。その知は「深広にして測量すべからず。ゆゑに海に譬ふ」しかないものであろう。しかし、私は明らかにその一乗海に一味となって溶け込む資格がある。なぜなら「南無阿弥陀仏を唱える者は極楽の人数なればなり」だからである。

「同一念仏無別道故」とはそういう意味で、観想念仏や実相念仏にはそうした効果はない。なぜならば、「南無阿弥陀仏を唱える者は極楽の人数なればなり」という立場は来世に一乗海に溶け込むことを確信して現在を批判的に生きる立場であるのに対して、観想念仏や実相念仏を目指して自分だけがたとえそれが実現したと錯覚したとしても、あるいは、（こちらの方が多そうだが）実現したと偽っても、少しも一切の衆生と共に平和と平等を目指す効果がないからである。つまり、称名念仏の立場は、今この場で法性の真理を証る（諸法実相や無為涅槃を直接知る）ことを放棄し、差別と殺戮の皇国の現実を浄土とみなすようなことをせず、「いずれの行も及び難き身なれば地獄は一定すみかぞかし」（親鸞）とか「ただ、往生極楽のためには、南無阿弥陀仏と申して、疑なく往生するぞ」（法然）というように平和と平等の希望において明るく生きることができるからである。

このように、曇鸞は、のちの善道・法然・親鸞と同様に、法性法身、すなわち、諸法実相や無為涅槃を直接知るという立場にはないことがわかる。

三、二身とは何か

では、「実相身・為物身」という概念は何を意味するのであろうか。とりわけ、法性法身と同じものだとみなされてしまいがちな「実相身」とは何であろうか。

「実相身・為物身」という概念は、『論註』下巻の「起観生信章」の中の讃嘆門に登場する。まず二身にかかわる箇所の原文を掲げる。はじめに、天親の『論』が礼拝・讃嘆・作願・観察・回向の五念門をざっと解説する「起観生信章」の讃嘆の部分。

いかんが讃嘆する。口業をもつて讃嘆したてまつる。かの如来の名を称するに、かの如来の光明智相のごとく、かの名義のごとく、如実に修行して相応せんと欲するがゆゑなり。

つぎにこの解義分についての曇鸞の『註』であるが、前後を省略して「実相身・為物身」が登場する部分だけを示す。

「かの名義のごとく、如実に修行して相応せんと欲す」とは、かの無礙光如来の名号は、よく衆生の一切の無明を破し、よく衆生の一切の志願を満てたまふ。しかるに名を称し憶念すれども、無明なほありて所願を満てざるものあり。なんとなれば、如実に修行せず、名義と相応せざるによるがゆゑなり。いかんが如実に修行せず、名義と相応せざるとなすとならば、いはく、如来はこれ実相身なり、これ為物身なりと知らざればなり。

天親の『論』は、実体的な超越者の「来迎」と呪文的な様相も持つ「(称名)念仏」を中核とする原始阿弥陀仏信仰を、奢摩他(止)・毘婆舎那(観)という仏教本来の行と接合させるために著されたと読むのが通常の読みであろう。それは、『論』の前に置かれた偈文がほとんど浄土という清浄な環境とその主である阿弥陀に対する観察門の行、すなわち、毘婆舎那が説かれていることからも明らかである。(10) しかし、曇鸞は煩悩成就の凡夫に寄り添って、奢摩他毘婆舎那の単なる前段階にあるように説かれている讃嘆を、独立した称名念仏としてとらえ、これに大きな意味を持たせる解釈を施した。その際に、曇鸞が注目したのは、『論』の讃嘆についての「かの名義のごとく、実のごとく修行し相応せんと欲う」という一句である。『註』はこの句を解釈するにあたって、「如実修行（実のごとく修行する）」を反転した「不如実修行」という概念を提出している。そして、曇鸞はこう自問自答する。「いかんが如実に修行せず、名義と相応せざるとなすとならば、いはく、如来はこれ実相身なり、これ為物身なりと知らざればなり」。つまり、如来が「実相身・為物身」であるということを知らないから如実修行にならないのだというわけである。これをもう一度反転すれば、如実に修行すれば実相身・為物身を知るということになる。では、「如実修行」とはいったい何か。『論』の表面に顕れた「讃嘆」は奢摩他毘婆舎那の前提としての口業ということになるだろう。

しかし、仏教プラグマティスト・専修念仏者にとっては、選択本願正定業としての「いっち浅い」称名念仏[11]こそが如実修行でなければならない。だとすれば、煩悩成就の凡夫に「本願を信じ、念仏申す」（『歎異抄』）ということがあれば実相身・為物身を知るということになるはずである。ところが、この「実相身」を「法性法身」だと考えてしまうと、仏教プラグマティズムは崩壊してしまう。つまり、そもそも諸法実相だとか色即是空を知るのが仏教の目標であり、それが成仏だとか涅槃だとか言われるのだから、実相＝真如＝法性法身というのは、一応は無理もない連想である。そして為物身というのが方便法身、あるいは、報身だと。

だとすれば、いっち浅い念仏しかできない凡夫は実相身を知るということはあり得ないということになる。凡夫は何かの魔法によって特別な人にしかできない（実は誰にもできない）奢摩他毘婆舎那の成果を、絶対的なもの、大いなるものからただ受動的に受け取るだけの無力な客体としてしか生きていけないということなのだろうか。

そうではない。われら凡夫は色も形もない法性法身と一体になるなどという『維摩経』に説かれる「心浄ければ国土浄し」の実相の念仏なんてできないのだ。あるいは、もっとはっきり言うと、そんな嘘はつかないのだ。われら凡夫は平和と平等を求めて結局は差別と殺戮の世界を作り出すことが多いのはよくわかっているけれど、だからこそ平和と平等をあきらめられないのである。そのためには、完全な平等と完全な平安を荘厳象徴し、三界を勝過する清浄な極楽国土とそれを準備くださり、色と形を具えて現れてくださった真報身・阿弥陀如来の念仏衆生摂取不捨と誓う本願を信じ念仏申さんと思う心の起こるとき現生正定聚の利益をいただくという立場をとるのである。

この立場は、「此の闇黒の世界に立ちて救いの光明と平和と幸福を伝導する」（「余が社会主義」第五章「実務行為」）すなわち、臆せず声に出して差別のシステム（たとえば原発）に反対し、戦争に対して明確に非戦を訴える立場である。けっして、「原発に賛成する者と反対する者の対立を超える」とか「正義と正義の対立を超える」と嘯《うそぶ》いて、結局は現状の厳かな肯定にしかならない「実相念仏」に酔う立場はとらぬのである。だから、われら凡夫が「如来はこれ実相身なり、これ為物身なり」と知るというのは、真報身たる方便法身の上に実相為物の二身を知るということ以外にないのである。これを香月院はつぎのように説明している。

一文不知の尼入道が弥陀の実相身為物身をどうして知らる丶ぞと云ふに、これは当流の御教化の如く、本願のいはれ名号のいはれを聞きひらく所が実相身為物身を知りた所なり。こ丶を『御文』一帖目第二通に「弥陀の本願の我等をたすけたまふことはりをき丶ひらく」と宣ふ。しかれば本願を信受する一念がわれをたすけ給ふ弥陀如来なりと確かに知られた所なり。そのわれをたすけ給ふと知られた所が利他円満の為物身を知りた所なり、弥陀如来なりと知りた所が自利円満の実相身を知りた所なり。いかなる愚鈍下知の凡夫なりとも、我をたすけ給ふ弥陀如来なりと決定して信ぜられた所が実相為物を知りたので如実修行の行者なり。（法蔵館復刻版、四二八頁下）

実相身を知ったこととして解説されている「弥陀如来なりと知りた」というのも本願のいわれを知って思い浮かべた（想定した）にすぎないのであって「止（奢摩他）」を成じてありありと観ずる（毘婆舎那）というような「観想念仏」ではない。ましていわんや法性それ自体を体感するというような「実相念仏」ではない。ただ、本願を信じて生きようと面々のおんはからいで決意した（決定して信ぜられた）だけのことである。弥陀如来を知ったというのはそれだけのことであり、法性法身・方便法身の仏教形而上学や、それを展開したと思われる親鸞の『唯信鈔文意』の解説、『教行信証・証巻』の「従如来生」の解説などを、おなじく仏教形而上学に還元して理解しようとする態度とは無縁のことなのである。

このことを反証するものとして、仏教形而上学を悪用し仏身論を好戦論に展開した実例を挙げておく。書いたのは暁烏敏。「平和国家建設力としての仏教」（『暁烏敏全集 一九巻』全集刊行会・涼風学舎、一九七五‐一九七八、二四三〜二四四頁）の、鈴木大拙（一八七〇‐一九六六）からの批判「天照大神を阿弥陀仏の化身だなどと言うな」（暁烏の理解）に対する応答である。暁烏は、十五年戦争期に阿弥陀仏とアマテラスのみならず阿弥陀仏と天皇との同一性までもを説いたことが知られている[12]が、つぎの資料はそれを戦後に改めて「教学的に」基礎づけたものと言えるだろう。

> 阿弥陀仏は釈迦にもなり、提婆にもなり、阿闍世にもなり、韋提希にもなり、鈴木さんにもなり、暁烏にもなられるのである。こういうことを一も七《ママ》も御存知の鈴木さんが天照大神が阿弥陀様の化身だということをびっくりされるにも及ばないではないか。……戦後天皇現人神の問題がやかましく言われるが、私は万人が総べて現人神だと信じている。天皇は神聖であるということは、一切衆生は皆神聖であるということである。（以下、エホバもサタンも猫もネズミも

などとあり）……こうした私の信念が天照大神は阿弥陀様の化身だと言わしめたのである。……大拙さんにあまり御心配下さらぬようにと紙上でお答えをしておく。

鈴木大拙は臨済禅をその思想の基盤に据えているから、どちらかと言えば、諸法実相や如来蔵の本覚思想に流れがちのはずなのであるが、近代日本を相対化する目を持っていた。一方、暁烏敏は仏教形而上学を振り回す聖道門仏教をなぎ倒した法然の思想系譜にありながら如来蔵に酔っぱらっている。香月院に言わせれば「光明・黒谷のいさおしを無駄にする祖門の大罪人」（「光明」は善導を指し、「黒谷」は法然を指す）である。暁烏が自身の戦争責任をまったく自覚していないことはもちろん非難されねばならないことではあるが、それとは別に彼の戦争協力を支えた親鸞理解についても反省されねばならないのではないかと思う。というのは、そもそも暁烏らの親鸞理解は、阿弥陀如来を別願酬報の方便法身と考える真宗伝統教学の仏身論に基づくのではなく、阿弥陀如来を法性法身という「絶対的な無限一般」[13]としてとらえる法然・親鸞以前はもとより、以後においても根強く存在した仏教形而上学的な仏身論に根差しているからである。すなわち、阿弥陀如来をまずストレートに法性法身と捉え、それが種々の身に応現していくという仏身観である。この仏身論を受け入れれば、衆生はすべてのはからいを捨てた無力な救済の客体となり、「死ねば極楽ヤッツケロ」や「鉄砲を肩に戦争に出かけるもよい」という天皇制ファシズムにも取り込まれるものになるのである。

私は、実相身を知ることを法性法身という絶対者一般との一体化と捉える仏身観を「当流の正意を学ぶもの、風上にもおかる、義ではなし[14]」と厳しく批判する香月院の真意を、この暁烏の仏身観を目の当たりにして大いに納得したのである。「別願酬報の方便法身」という概念については、本章第六節の結語でより詳しく説明するが、とりあえず簡単に「平和と平等という具体的な願いに応ずるものとして仮設された特別な仏」としておこうと思う。

『論』だけを見ているとどこを読んでも観想の念仏・実相の念仏を目指しているように見えるのだが、どうも『論註』は違うのである。天親が自利の入の門であると規定する礼拝・讃嘆・作願・観察の前四門は、利他と規定される回向門と合わせて自利利他円満の仏教の王道を構成している。しかし、それは絵に描いた餅にすぎない。有効に働くようにするには、実相念仏・観想念仏中心の仏教形而上学の五念門を、称名念仏を本願正定業とする五念門へプラグマティックに換骨奪胎する必要がある。

私は、その第一歩が『註』であり、法然のプラグマティズムの呼びかけを通して最終的に仕上げたのが親鸞だと思う。そして香月院は、この「親鸞の仕上げ」の過程で使用される仏教形而上学的用語を再び形而上学的還元に陥らせないために専修念仏のともがらを丁寧に、また時には、厳しく導く仕事をしたのだと思う。私は、かつては香月院を中心とする真宗伝統教学の立場の人びとがなした「異《い》安心《あんじん》調理《ちょうり》」という異端審問を連想させる活動を、漠然と封建的で権威的なものとして否定的に見ていたが、異安心を糾し改める「調理」の大半が、法性法身としての阿弥陀仏と現時点で一体となるだの、阿弥陀如来自体が往還するなどという、形而上学も通り越した神秘主義的な態度に向けて行なわれていることを知ってからは、調理に対する否定的評価も考え直さねばならないと思っている。

四、修慧の観と一心安心上の観

さて、話をもう一度仏身論に戻して、凡夫が実相身・為物身を知ることについて考えてみよう。実相身・為物身を知るというのは、『論』の表面に顕れた「彼の阿弥陀仏を見たてまつる（見彼阿弥陀仏）」に合わせれば毘婆舎那ということになるが、香月院の解説では「いかなる愚鈍下知の凡夫なりとも」これを知るということなのだから、特別の人にしかできない毘婆舎那ではありえない。これをどのように解釈するか。解釈の定法はいわゆる「一文両義」である。一文両義とは一つの文章に二様の異なる意味を読み取るということだが、これは、浄土教というある意味でオーソドクスな仏教とは異なる仏教を解釈するための必然的な方法とも言いうる。他者に依存するかのような外見を持つ救済教・浄土教を、自己こそ自分の主であることを強調する自灯明・法灯明の自覚教・仏教と矛盾なく理解するための方法である。一文両義は、親鸞が『教行信証』などの漢文作品において、原文を引用しつつそれに独自の訓点を付したことがその代表例だと言える。独自の意味だけを述べたいのなら、その意味とは明らかに異なる文脈にあるテキストを引用して語る必要はない。

例えば、五念門の行は『論』においてはその主体は善男子善女人と表現される衆生であるが、これを引用した親鸞の『教行信証』ではその主体が法蔵菩薩と重なるかのような表現をとり、『入出二門偈』では、明白に法蔵菩薩＝阿弥陀如来が主体となっている。もし、これを親鸞がそう言っているという理由で浄土教は自灯明を放棄した（いわゆる「絶対他力」の）救済教であると主張すれば、浄土教は仏教を放棄したことになるだろう。そうならず、しかも浄土教の本質が語られねばならない。そこで必要になるのが一文両義なのである。[15] ここでは、「彼の阿弥陀仏を見たてまつる（見彼阿弥陀仏）」とか「（凡夫が）実相身・為物身を知る」というときの「観」に一文両義が必要になる。

香月院によると、『論・論註』の「観」は両義があって、ひとつは「修慧《しゅうえ》の観」もうひとつは「聞思《もんし》の観」と呼ばれる。修慧の観とは、毘婆舎那の翻訳として問題のないものであり仏道のオーソドクスな修業に位置づけられる観、すなわち、真如実相を知り得る智慧を修める観である。一方、聞思の観とは善知識から浄土と如来のありさまを聞いて心に思い浮かべる観である。これはまた「一心安心上の観」とも呼ばれ、特別な人にしかできない（あるいは、しつこいようだが、本当はだれにもできない）毘婆舎那ではなく、そうした奢摩他毘婆舎那をわれら煩悩成就の凡夫に変わって完璧に成就してわれらに振り向け（回向し）てくださる存在として想定された阿弥陀如来から賜った信心・安心という意味の「観」である。この観があるから、一文不知の凡夫が実相身・為物身を知り得るのである。というよりは、またまたしつこいようだが、実際にはこの観しかないのである。これは「本願を信じ念仏申さば仏に成る」ということで、この理《ことわり》に迷うことがないかぎり真の奢摩他毘婆舎那なるものを論ずる必要などないのである。また、それをあれこれ論じて迷いをさらに深める愚は慎まねばならない。観についての二義、「聞思の観」と「修恵の観」をきっぱり分けることが浄土教のプラグマティズムを損なわない道のように思われる。

この「二つの観」という視点は『論・論註』の不虚作住持功徳《ふこさじゅうじくどく》についての親鸞の解釈が根拠になっている。不虚作住持功徳の偈文は「観仏本願力遇無空過者能令速満足功徳大宝海（仏の本願力を観ずるに遇うて空しく過ぐる者なし。能く速やかに功徳の大宝海を満足せしむ）」である。この偈文は、『教行信証』や『文類聚鈔』『入出二門偈』など親鸞の著作に原文のまま、あるいは、形を変えてたびたび引用されている。

例えば、『尊号真像銘文』では、「『観仏本願力　遇無空過者』というは、如来の本願力をみそなわすに、願力を信ずるひとはむなしく、ここにとどまらずとなり。『能令速満足　功徳大宝海』というは、能はよしという、令はせしむという、速はすみやかにとしという、よく本願力を信楽する人は、すみやかにとく功徳の大宝海を信ずる人の、そのみに満足せしむるなり。如来の功徳のきわなくひろくおおきに、へだてなきことを大海のみずのへだてなくみちみてるがごとしと、たとえたてまつるなり」(『真宗聖典』、五一九頁)とある。

また、『一念多念文意』では「『浄土論』に曰わく、『観仏本願力 遇無空過者 能令速満足 功徳大宝海』とのたまえり。この文のこころは、仏の本願力を観ずるに、もうおうてむなしくすぐるひとなし。よくすみやかに功徳の大宝海を満足せしむとのたまえり。『観』は、願力をこころにうかべみるともうす、またしるというこころなり。『遇』は、もうあうという。もうあうともうすは、本願力を信ずるなり。『無』は、なしという。『空』は、むなしくという。『過』は、すぐるという。『者』は、ひとという。むなしくすぐるひとなしというは、信心あらんひと、むなしく生死にとどまることなしとなり。『能』は、よくという。『令』は、せしむという、よしという。『速』は、すみやかにという、ときことというなり。『満』は、みつという。『足』は、たりぬという。『功徳』ともうすは、名号なり。『大宝海』は、よろずの善根功徳みちきわまるを、海にたとえたまう。この功徳よく信ずるひとのこころのうちに、すみやかに、とくみちたりぬとしらしめんとなり。しかれば、金剛心のひとは、しらず、もとめざるに、功徳の大宝、そのみにみちみつがゆえに、大宝海とたとえたるなり」(『真宗聖典』、五四三、五四四頁)と説明されている。

親鸞の説明で、とりわけ、「『観』は、願力をこころにうかべみるともうす、またしるというこころなり。『遇』は、もうあうという。もうあうともうすは、本願力を信ずるなり」の部分が重要で、

「観」が観想念仏の観、すなわち、五念門の行を習得して超越的智慧を修めるという修慧の観ではなく、（思い浮かべる観）だとしていること、「遇」を本願力を信ずることとしているのが注目される。すなわち、この「観」は、どう考えてみても助かりそうにない煩悩成就のこの私を、念仏する者をひとり残らず救うと誓う阿弥陀如来の本願のいわれを聞いて、阿弥陀如来と極楽浄土をこころにうかべみて、念仏申すという道を歩むしかないと決心したという「信心決定」のことである。これを「一心安心上の観」とも言うのは、願生偈全体を「世尊我一心」の一心に集約して「一心の華文」とみる親鸞の浄土論理解からくる表現であるが、そのことには深入りしないことにする。

ところで、「願力をこころにうかべみる」ことや「本願力を信ずる」ことは明らかに現在のことなので親鸞はこの偈文を現在のこととして解釈しているように見える。また、『銘文』の「願力を信ずるひとはむなしく、ここにとどまらず」もそうかもしれない。

また、この不虚作住持功徳の偈文については、『註』に解釈されるだけでなく、『論』自体の解義分（長行）でつぎのように述べられており、天親自身これを重視していると考えられる。

何ものか荘厳不虚作住持功徳成就、偈に「観仏本願力　遇無空過者　能令速満足　功徳大宝海」と言えるがゆえに。すなわちかの仏を見たてまつれば、未証浄心の菩薩畢竟じて平等法身を得証して、浄心の菩薩と上地のもろもろの菩薩と畢竟じて同じく寂滅平等を得しむるがゆえなり。

（大谷派『真宗聖典』一四一頁）

この中に登場する「未証浄心の菩薩」というのは「いまだ浄心を証っていない菩薩」という意味で、天親がどういう意味で使っているかはわからないが、『註』は、凡夫が菩薩の階位を次第に昇って行ってついには仏に成るという十地の階梯の中の「初地以上七地以還のもろもろの菩薩なり」であり、「『平等法身』とは、八地以上の法性生身の菩薩なり」と解説している。『論』が述べているのは、オーソドクスな仏道修行において「止・観」、すなわち、「奢摩他・毘婆舎那」を行じて仏に成るプロセスを、（浄土に往って）阿弥陀如来を「見たてまつれば」それが速やかに可能になるということである。『註』はこの『論』における天親の「未証浄心の菩薩」という言葉に極めて大きな意味を見出している。このことは『論註』下巻で詳細に論じられていることだが、簡単に解説を加えておこうと思う。

未証浄心の菩薩

天親（世親）は、この世で「自己こそ自分の主である」が実現するような証りを追及するのが極めて困難であることを自覚しつつ、だからと言って、超越的な存在と言えば聞こえはいいが、結局は素朴な呪術的信仰によって助かるような気分になる生天思想の一変形にすぎない阿弥陀仏信仰をそのまま容認するのではなく、これを何とかオーソドクスな仏道修行と調和させたいと考えていたと思われる。その工夫が浄土願生者の五念門修行という考え方である。しかし、五念門修行がこの世で（現生で）自分が行なえるのであれば、何も極楽浄土だとか阿弥陀仏などという異質なものを持ち出さなくでもいいわけだから、この工夫は初めから矛盾に満ちている。だから、『論』は阿弥陀如来の本願力と浄土願生者が修する五念門の行とが交錯し、きわめて読みにくいテキストとなっている。(16)

『註』は、この「矛盾」の中から弥陀の本願力（他力）が現れてくるところを見逃さない。その一つがこの不虚作住持功徳についての註である。阿弥陀如来と出遭う（値遇する）ことによっていまだ証りを得ないものが長い修行によってしか得ることのできない平等法身を得ることができると書かれているからである。そこで曇鸞が注目したのは菩薩十地の階位の中の「七地沈空《しちじちんくう》」の説である。七地沈空とは、『註』によると「菩薩、七地のうちにおいて大寂滅を得れば、上に諸仏の求むべきを見ず、下に衆生の度すべきを見ず。仏道を捨てて実際を証せんと欲す」という状態になるということを指す。仏道の究極的な目的は諸法空無我とか無為法身を証ることであるが、なにせ相手は「空」や「無為」である。よく「無心になろうとする気持ちまで無にすることはできない」などというが、そうした完璧な無心に達しなければならないのである。「浄心を証る」とはそういうことである。つまり、無心になろうなろうとする気持ちを「作心」というが、その「作心」も滅した状態が真の無心ということだろう。作心を滅すれば（あるいは、滅したと思い込めば）どうなるか。それがかえって七地沈空である。つまり、完全な無心・無為・大寂滅に達したのでこれ以上求めるものはないし、そもそも他の人びとに平和と安易をもたらすことを目指して仏道修行を始めたのに、他の衆生のことにも関心がなくなるということである。この状態に陥ると、「その時に、もし十方諸仏の神力の加勧を得ずは、すなはち滅度して二乗と異なることなからん」ということになる。つまり、自分だけの悟りに満足してしまうということである。これは、いわば「平気で死ねる」という心境であるが、実際には「平気で殺せる」という心境と大差はない。仏教が平和と平等のために有効に働かなくなるにとどまらず、ファシズム的な心理を助長するものにさえなってしまうということである。

ところが、曇鸞は「菩薩もし安楽に往生して阿弥陀仏を見たてまつれば、すなはちこの難なし」と言う。極楽に往生して阿弥陀仏を見れば七地沈空はなく、一気に八地已上《はちじいじょう》の上地の菩薩と等しいのだと言う。しかし、ここに厄介な問題が生じる。七地沈空の難を回避して一気に八地已上の上地の菩薩になれたとしても、それは極楽に往生してからのことである。現生に阿弥陀仏を観ずるわけではない。現生に観じたと言い張れば、それが他者に伝達されるわけでもないから、結局は「上に諸仏の求むべきを見ず、下に衆生の度すべきを見ず」という七地沈空と変わらぬ状態になるしかないだろう。沈空が突破される状態は、「他方国土へ飛び出して有縁々々の人々を済度するに間隙のない身となる」（高木顕明）と表現される還相回向のことである。そのことは、七地沈空を論じた後に、第二十二願「還相回向の願」が引用されていることからもわかる。[17] しかし、還相が死後にしかないのだとすれば、そんなものがどうして非戦・平和の根拠となるのだろうか。顕明は「他方国土へ飛び出して有縁々々の衆生を済度するに間隙なき身となる故ニ極楽と云ふ。眞ニ極楽土とは社会主義が実行せられてある」と言うがそんなものが有効な非戦平等の道だろうか。

ここで「未証浄心の菩薩」という言葉が大きな意味を持つ。未証浄心ということは、一応、菩薩ではあるがまだ寂滅というわけではないということだが、これにはは「菩薩」というにはほど遠い一切の我ら凡夫も含まれるはずである。道綽が『安楽集』で「『浄土論』にいはく、『十方の人天、かの国に生ずるものは、すなはち浄心の菩薩と無二なり。浄心の菩薩、すなはち上地の菩薩と畢竟じて同じく寂滅忍を得。ゆゑにさらに退転せず』と」[18] というふうに『論註』のこの部分を変形して引用して、「十方の人天」が「浄心の菩薩と無二」だとしていることからもそのように言ってさしつかえないと思う。

たとえ一文不知の尼入道たりとも、私たちは単に無力な救済の客体にすぎないのではなく、解放の主体であるはずで、けっしてその希望を失ってはならぬということである。希望の出所は「本願」、すなわち、私たちの平和と平等の願いの純化されたものとしての方便法身弥陀如来の願いであるが、その願いに呼応して往還するのは、願のために方便として建てられた弥陀如来ではなく、私たち自身でなければならない。「それっていいですね」の称名・名号が弥陀の促し、すなわち、本願力回向であるからと言って往還の主体であることにまで遠慮してはならない。七地沈空を脱するのは「十方諸仏の神力の加勧」であると曇鸞は言う。声に出す称名念仏しか行を持たぬ未証浄心の菩薩は、声に出したことで、友人からの励まし、さらには、被害者からの抗議を受けて再び解放の主体として立ち上がることができるのである。

ただし、注意を要するのは、それはあくまでも「希望」なのであって、今ここで実現しているわけではないということである。それを担保するのが現当二益の「当益」の強調であり、あるいは、一益法門を「邪義」として自他ともに戒めることだと思う。

五、現当二益

さて、ここから後は現当二益といういささか厄介な問題にかかわることになる。「未証浄心の菩薩」に娑婆の我ら凡夫まで含まれるのだとしたら、仏の本願力を観じ、仏に遇する（もうあう）のはいつのことなのだろう。浄土教の建前から言えば、阿弥陀仏を見たてまつるのは死後に彼の土に往生してからのことである。だから、親鸞がこの不虚作住持功徳の偈文を解釈するときの『観』は、願力をこころにうかべみるともうす、またしるということこころなり。『遇』は、もうあうという。もうあうともうすは、本願力を信ずるなり」というのはこの建前を逸脱しているように見える。なぜなら、「願力をこころにうかべみる」ことや「本願力を信ずる」ことは明らかに現在のことだからだ。

そもそも、正信偈の天親章には「功徳大宝海に帰入すれば、必ず大会衆の数に入ることを獲。蓮華蔵世界に至ることを得れば、すなわち真如法性の身を証せしむ（帰入功徳大宝海　必獲入大会衆数得至蓮華蔵世界　即証真如法性身）」とある。「大会衆の数に入る」というのは正定聚の数に入ると同じ意味だから、親鸞は、この不虚作住持功徳の偈文を現生正定聚の根拠としているとも言えるのである。真宗教学の伝統としては、「大会衆の数に入る」ことについては「獲」、「真如法性の身を証」するのは「得」というふうに「うる」ということをあらわす文字を使い分けていることから、前者を現益、後者を当益と解釈することになっている。つまり、親鸞は、不虚作住持功徳の偈文を現益として解釈することと当益として解釈することの両義で解釈しているのだと説明するわけである。

現当二益というのは、法然の『選択集』によれば、「そのなかに念仏はこれすなはち勝行なり。ゆゑに分陀利を引きて、もつてその喩譬となす。意知るべし。しかのみならず念仏行者をば、観音・勢至、影と形とのごとくしばらくも捨離せず。余行はしからず。また念仏者は、命を捨てをはりて後決定して極楽世界に往生す。余行は不定なり。おほよそ五種の嘉誉を流し、二尊（観音・勢至）の影護を蒙る、これはこれ現益なり。また浄土に往生して、乃至、仏になる、これはこれ当益なり」（第十一讃嘆念仏章(19)、岩波文庫本、一三九頁）とあって、当益ははっきりと死後のことだとされている。

私は、長い間、死後に救われるなどというのは何の意味もないことだと思っていたので、この個所は法然の不徹底を示していて親鸞がこれを超えたのだと漠然と思っていた。しかし、死んだあとは意味がないとして現在重視の立場に立つ近代真宗教学が阿弥陀とアマテラスの同一視をも超えて阿弥陀と天皇の同一視というひどい逸脱をしてしまったことを目にして、考えを変えざるを得なくなった。それについて、まず、往還の主体と回向の主体を衆生と如来にきっぱり分ける香月院の伝統教学の確かさを確認することができた。ついで、「仏身論」の重大さが見えてきた。われら凡夫が「真如法性の身を証」することを現益としてはいけないのだということがだんだんわかってきたのである。私たちは、親鸞自身の著述に触れて、現生正定聚に惹きつけられるあまり、往生や成仏まで現生にあるかのような雰囲気を読み取ってしまいがちである。どうも、それはまずい。死んでからこの世に戻ってくるような表現は迷信じみていてできれば避けたくなるが、捨ててはならぬものではないかと思うようになった。「弥陀と変わらぬ通力を得」るのは今ではなくて未来であり、それは「必獲《ひつぎゃく》」と表現される希望である。希望が現益なのである。現益は大乗正定聚の数に入るまでで、他方国土へ飛び出すのはあくまで「希望」にとどめなければならない。そういう意味では、「往生」もまた現生と考えるべきではない。往生を終点と考えるのではなく、例えば「解放され続けること」というようなプロセスと考えるのも大切だとは思うが、往生はイメージとしてはその後に想定される還来生死輪転家の前段階である。還るために往くのであって往くプロセスだけで満足してはならないのである。

仏教は、他者と共に迷いながらもあきらめずに平等と平和を建設するためにあるのであって、自分一人がこの世で完全なる立脚地に到達したなどと思うためにあるのではない。そんな境地に達したなどと思ってもいけないし、目指すべきでもない。到達したと思うのはそれこそ「沈空」である。目指すのは還相なのであって、自分の安心ではない。曇鸞は未証浄心の菩薩という概念を説明するにあたって「作心」の有無を挙げている。すなわち、「『未証浄心の菩薩』とは、初地以上七地以還のもろもろの菩薩なり。この菩薩またよく身を現じて、もしは百、もしは千、もしは万、もしは億、もしは百千万億の無仏の国土に仏事を施作すれども、かならず作心を須ゐて三昧に入る。すなはちよく作心せざるにはあらず。作心をもつてのゆゑに名づけて未得浄心となす」と説明している。つまり、浄心に到らない菩薩、あるいは、われら煩悩成就の凡夫は、平和と平等を目指す生き方をしようとして、各地に赴いていろんな実践を試みるが、なお「平和を目指す」とか「平等を求める」というある種の「欲望」にとらわれている。浄心を証した菩薩はそのような欲望からも解放されて自在に利他することができるということである。

しかし、ここで注意しなければならないのは、そのような浄心を証した菩薩とはあくまでも未来に約束されているのであって、今ここで成立しているのではないということである。この世で完全な立脚地が得られたので、もはや特に平和も平等も求めなくてもよい。戦争の中に平和を見出し、差別即平等の達観を得た。そんな心境になれば、殺し殺させる天壌無窮の神勅・八紘一宇の詔勅も肯定してしまうことになる。真宗近代教学は、現益と当益をきっぱり分けず、方便法身という手掛かりしかないはずの凡夫が現生でまるで法性法身と一体化したかのような気分に浸ってしまったのではなかろうか。仏法は殺生を否定するために働かねばならないのであって、「こゝに到れば鉄砲を肩に戦争に出かけるもよい」[20]という心境を肯定するものであってはならないのである。

私は、高木顕明の、自身が還相の主体たることを強調する「余が社会主義」の非戦論のルーツを探求して江戸伝統教学に巡り会った。そして、香月院らの現当二益を墨守する頑固さは捨ててはならぬと思うようになった。正定聚の数に入るというのは、自利利他円満の菩薩の仲間入りをさせてもらったというだけで、まだ本当の主体、つまり、先頭に立って利他の主体になるということではない。これで充分と思ってはならないのである。われらは必ず未来に弥陀と同等の「自己こそ自分の主である」存在になる。「先頭に立つ」ということにこだわる必要はないけれど、けっして、仲間に入れてもらったとか、私はよき人についていくだけだというような、方便法身（平和と平等が有効に働くために仮設された存在）からの回向、すなわち、本願力回向、他力回向とは似て非なる他人に寄り掛かる「他力」の、見え透いた謙遜に隠れてはならない。回向、すなわち、如来からの励ましだって、本質的には、私たち相互の励ましである。沈空から脱することについて曇鸞は「その時に、もし十方諸仏の神力の加勧を得ずは、すなはち滅度して二乗と異なることなからん」と、十方諸仏の神力を挙げるが、それは平和と平等を願う民衆の促しである。今、現に人を励ませる者になっているとうぬぼれてはならないが、未来には必ずそうなれるという希望が現在を生きる励ましになるのである。見え透いた謙遜も、うぬぼれも、同様に未来を信じない一益法門というべきであろう。希望は誰にとっても現在であるが、実現は三十年後、百年後の人びとにとっても未来である。未来を信ずるということはそういうことでなければならない。

香月院は、親鸞が「観」を「思い浮かべる」と解釈したことも、「遇」を「信じる」と解釈したことも法然によるのだと解説している。前者は、一枚起請文の「南無阿弥陀仏と申して、疑なく往生するぞと思ひとりて」であり、後者「遇」は法然の「遇と云ふとも若し信ぜずば遇はざるがごとし」[21]に依るそうだ。思い浮かべられ、信じられる阿弥陀仏とその国土は、平和と平等の願いに酬報された方便法身であり、真実報土である。それは、真実そのものや平和そのものという意味の「法性法身」や「無為涅槃界」なのではない。「なのではない」というのは、繰り返し言ってきたように、プラグマティックに「なのではない」というにすぎない。形而上学的厳密さ、あるいは、しつこさから言えば、「法性法身」や「無為涅槃界」とつながらない方便法身は「法身」とも言えないわけだから、思い浮かべられ、信じられる阿弥陀仏といえども、法性法身「なのではない」と言ってしまうわけにはいかない。

ただ、法性法身は煩悩成就の凡夫には手掛かりはなく、凡夫が信じ思い浮かべられるのは、凡夫のために特別な願いを超発した「別願酬報の方便法身」なのである。浄土教における仏身論は、この「別願酬報の方便法身」が基礎とならねばならないのである。別願酬報の方便法身の上に、たとえ一文不知の凡夫・尼入道たりとも実相身・為物身を知るとはそういう意味である。法性法身だとか、近代教学的な用語で言えば、絶対他力だとか、絶対無限などというものは、私たちの平和と平等にたいていは役に立たず、ときには、戦争と差別の厳かな肯定になるばかりである。

六、結語――別願酬報の方便法身阿弥陀如来

諸法実相・諸法無我の存在論を持つ仏教において、それに反するある種の実体化を伴う阿弥陀如来という超越者の出現をどう考えるか。これが浄土教における仏身論の意義である。

阿弥陀はけっして実体ではなく、諸法無我や諸法実相の真理・真如を示す記号のようなものだと考えればことは簡単なように見える。親鸞のいわゆる「自然法爾章」にある「弥陀仏は自然《じねん》のようをしらせんりょう」とあるのもそのような解釈を生みかねないであろう。しかし、このような記号としての阿弥陀仏理解は価値の領域においては虚しい観念となってしまう。もっとも、空しい観念というだけなら、何ものの役にも立たぬだけてあって害はない。しかし、この記号は最高の真理の

記号である。（本当は誰にも分らぬが）特別な聖者やカミの末裔にはそれがわかるとか、それと一体化できるとなると、支配や差別の厳かな正当化に使われるしかないだろう。

専修念仏・仏教プラグマティズムは、この記号・仮説を平和と平等の記号として有効に働かせることを至高の目的として、凡夫のために特別に実体化されたものとして創出したのである。それが、別願酬報の方便法身阿弥陀如来の真身である。ここで「凡夫」というのは、純粋理性の範疇においては諸法実相・諸法無我の存在論を知ることはないという自覚を持つもののことである。ただし、この凡夫は「聞其名号信心歓喜」において実践的には諸法実相の真如を知ったと同等の意味を持つ信知を得ることはできる。凡夫は、だから、自らを主体（我）として実感しているが、それが真理でないことをよき人に聞いて知ってもいるのである。自らが主体として浄土に往生し穢土に還来する者であることをイメージするが、今現にそれができているとうぬぼれもしない。また、反対に「自己は本来無である」などと証りきって平和と平等のために主体的行動を放棄することもないのである。専修念仏はこの「別願酬報の方便法身阿弥陀如来」だけを実体化してその他の一切を実体化しないことを厳格に守ることによって、誰にも手に入らぬ諸法実相・諸法無我の存在論を実践的には誰でも手に入れたと同然の立場に立つことができるのである。

専修念仏の往還論と仏身論とは互いに深く関係していて切り離すことはできない。まず、往還論としては「衆生の往還、弥陀の回向（往相還相は衆生にばかりあり、回向は如来にばかりあり）」の原則を崩さない。衆生の往還とは弥陀の往還に対立する概念だが、衆生であれ、弥陀であれ、往還するとなれば「不去不来」の仏教形而上学に反する迷信じみた概念であるには違いない。しかし、専修念仏・仏教プラグマティズムはこのイメージをけっして手放さない。「回向されるのは名号であって生身の人間が往還するのではない[22]」などという仏教形而上学に遠慮したような説明に屈しないのである。

また、仏身論としては、如実修行（本願を信じ念仏申すこと）によって知り得る実相身を別願酬報の方便法身において為物身と分れたものとして知るのであって、実相身をその言葉に騙されて法性法身とみなすような立場はけっして取らぬのである。別願酬報の方便法身阿弥陀如来は「無終」とされるが「無始」ではなく、十劫の昔に成仏したという迷信じみたイメージを持つから「不生不滅」の仏教形而上学に若干反する外見を持つ。方便法身は不生不滅の法性法身から出現したものだというような説明もできないではないし、そういうことはことさら言われなくともわかっているが、この十劫正覚のイメージを手放さないことに決心したのである。このような決意は、仏教形而上学に疎い頑迷な態度と見えるが、この立場以外に仏法を有効に働かせる手立てなどないのである。専修念仏者は一切のはからいを捨てて大いなるもの一般に帰依するというような単なる救済の客体に甘んじることはなく、「南無阿弥陀仏をとなふるものは極楽の人数である、極楽には他方の国土を侵略したという話は聞かれたことがない」（高木顕明「余が社会主義」取意）と信じて平和と平等への解放の主体として歩む希望に生きるのである。この決意を信心決定《しんじんけつじょう》という。

親鸞は、『教行信証』を初めとする諸著作で、法然の「いっち浅い」称名念仏[23]を選択本願とみなす立場を継承したうえで、大乗甚深の仏教形而上学を再構成して見せた。そのため、娑婆の凡夫には毛髪ばかりも知ることのない法性法身をウィリアム・ジェイムズの言う「存在命題」の範疇として説明することもないわけではない。しかし、それはあくまでも愚鈍下智の我等が本願を信じ念仏申すことにおいて、平和と平等をあきらめないことを示すためである。別願酬報の方便法身を思い浮かべ[24]、その上に自利円満の実相身の徳も利他円満の為物身の徳も一時に知ることができることを示して人びとを励ますためなのである。「価値命題」が有効に働くためにそのような説明を採用することもあるというにすぎない。阿弥陀如来は、平和や平等への欲求まで捨離して一切の欲望から自由になって自在に園林に遊戯するごとく平和と平等を実現するものとしてイメージされるわけだが、我等もまたそれを思い浮かべて、阿弥陀如来と変わらぬ神力を得て他方国土へ飛び出すことができると励ますための説明である。平和と平等、あるいは、もう少し宗教的な表現をすれば平等の救済とは、一切の欲望も表現も捨離した色も形もない真如法性・諸法実相から直接に演繹されることではない。存在命題の領域だけで語るならば、「詮ずる処…平等の救済や平等の幸福や平和や安慰やを意味して居る」はずの南無阿弥陀仏も「死ねば極楽ヤッツケロ」の掛け声ともなるし、阿弥陀如来はアマテラスにも天皇にも暁烏にも変化する。なぜそのようなことが起こるかというと、存在命題の領域だけで「語る」というのは、「一法句」「真如法性」「絶対無限」等々の本来誰も語りえぬものを語ることであって、それを直感・体感したと偽る者や、社会的な効果としては同じことだが直感・体感したと思い込む者が出てきて平和と平等の反対の目的のために使用することを可能とするからである。それをとどめるには、名号や仏身を「詮ずる処…平等の救済や平等の幸福や平和や安慰やを意味して居る」という価値命題の範疇として、ある意味では「実体化して」墨守唯信する必要がある。阿弥陀仏を色も形もない法性法身や絶対無限・絶対他力などの無限一般として理解したり、それを宣布したりしてはならないのである。そうした理解や宣布は、暁烏のような自覚的なファシズム扇動はもちろんのこと、近代教学全般に見られる仏教形而上学回帰の傾向は、専修念仏を弾圧した顕密仏教（聖道門仏教）と同質のものであって、聖道門をなぎ倒した「光明《ぜんどう》・黒谷《ほうねん》の偕定のいさおしを無駄ことにする祖門の大罪人(25)」であるというべきであろう。

香月院の『註論講苑』にはこの消息が全編を通して繰り返し示されているが、最後にそれを一節紹介してこの論考を終えたい。

浄入願心の章に法性方便の二法身が明してあれども、如実修行の行者は法性方便の二法身をしるとはなし。なぜとなれば、色も形もない法性法身は凡夫は一寸心において見ることならぬゆへ、二法身をしると云ふことはない。又本願成就の方便法身は、我等がために正覚を成じ給ふ佛じゃによりて、愚鈍下智の凡夫でも聞其名号信心歓喜の端的に、自利圓満の徳も利他圓満の徳も一時にしらるると宣ふなり。（中略）本論註論処々に法性を談じてあれども、みな浄土の荘厳を釈するときのことなり。娑婆の凡夫をして毛髪ばかりも法性を知らしむるの、法性にかなはしむるのと云ふことはなきことなり。（『註論講苑』法蔵館復刻版、四四、四五頁）

これが浄土教におけるプラグマティズムとしての仏身論であるといえよう。

〈注〉

（1）この問題に関しては、清澤満之の『宗教哲学骸骨』と「他力門哲学」に現れたプラグマティックな専修念仏を再び観念的な仏教形而上学に戻す傾向を批判的に検討することが核になるべきだと思うが、私を含めてまだ誰もそれに着手してはいないと思う。もっとも、清澤の宗教哲学がどのような危険を生じさせたかについては、さまざまな見るべき研究がすでに多数存在しているので、プラグマティズム的視点からの批判を目指すこの論考も、近代教学批判に多少は役立っているとは思う。

（2）香月院深励『註論講苑』。引用に際しては、基本的には『浄土論註講義』法蔵館復刻版を採用した。

（3）高木顕明「余が社会主義」第一章「教義」。

（4）ここに言う観想念仏とは、つぎに出てくる実相念仏と同様、香月院深励『選択集講義』に登場する四種念仏の一つである。以下、この四種念仏という概念を仏教形而上学と仏教プラグマティズムの比較の説明として随時使用する。第四章第六節「香月院深励仏身論の前提としての称名念仏論」(一三〇頁)参照。また、同章の注15(一四九頁)参照。

(5)『註論講苑』、三〇八頁上段。ちなみに、曇鸞(四七六 - 五四二)と善導(六一三 - 六八一)の間にある『諸師』とは、天台智顗(五三八 - 五九七)、浄影寺慧遠(五二三 - 五九二)、嘉祥寺吉蔵(五四九 - 六二三)などをさす。また、「諸師」や曇鸞が準拠した鳩摩羅什(三四四 - 四一三、一説に、三五〇 - 四〇九頃)らの翻訳(旧訳)に対して新たに原典を現地に探し求めて訳業を企てた玄奘三蔵(六〇〇または六〇二という説あり - 六六四)は善導の同時代人。

(6)『註論講苑』法蔵館復刻版、三〇三頁下段。

(7)眼の対象が色形だというのと、心の対象が法(存在)だというのは次元が違う、「存在」は知覚の対象ではなくて認識の対象、もしくは、認識主観によって構成されたものだ、という突込みが入りそうなところである。この点については、「ヒュームの懐疑によって独我論のまどろみから覚めた(取意)」というカントを想起せねばならない。ヒュームは、知覚の与件が眼等の前五識のみであるとすれば、空間や因果などは経験によって推定されるだけで知覚の対象とはなりえないことを明らかにした。カント以降の西洋哲学はこのヒュームの指摘に一生懸命応えようとしてきたが、仏教の認識論・存在論は今も「十八界」のままのようである。ただし、阿弥陀仏が実在かどうかということを論ずるより、阿弥陀仏は*だ*れ*で*も*想*定*で*き*る*ということを明らかにした『論註』の問答の重要性はヒュームの指摘とは無関係に評価できるだろう。

(8)『浄土論註翼解』は『浄土論註』の注釈書で、九巻に分かれている。著者は浄土真宗本願寺派学林の第二代能化職を勤めた知空(一六三四 - 一七一八)。

(9)仏教の認識論・存在論は本来こうした本体・基体的なものの存在を認めない(「諸法無我」「諸行無常」

の立場に立つ）ものだが、認めないだけでは「持続」「変化」などの説明は不可能になる。そのため、アリストテレスが苦労して打ち立てた「存在するのにそれ以外の存在を必要としない実体」を立ててそこから存在と認識あるいは文法を説明したように、仏教の中でも唯識・如来蔵の立場はアリストテレス的誠実さに立とうとしているように見える。とはいっても、こうした形而上学的論理はそれ自体としては、まれに役に立つときもあるけれど、たいていは、大学などの哲学教師と呼ばれる理屈好きの暇人の道楽や趣味にすぎない。そして、それはしばしば悪趣味となる。拙著『非戦と仏教』（白澤社）を参照していただければ幸いである。形而上学から平和と平等の価値を演繹することは不可能である。形而上学は、平和と平等のために選び取られた選択本願念仏を説明することのために使用される場合にのみ、「悪趣味」の汚名はそそがれるが、それまでは恥ずかしそうに趣味にふけっていればいいのである。

（10）この問題は、香月院『註論講苑』の文前玄義五科の内の二番目「五念門の正助を料簡す」で論じられている。

（11）前注4の香月院『選択集講義』にしめされた四種念仏の第一。

（12）これを実証する多くの研究がすでになされているが、要領を簡潔に述べたものとして新野和暢『皇道仏教と大陸布教』（社会評論社、二〇一四年）を挙げておこうと思う。同書第Ⅰ部第四章を参照されたい。

（13）「無限一般」というのは、清澤満之の『宗教哲学骸骨』や『他力門哲学骸骨』などに登場する「絶対無限」というような概念がその典型である。

（14）香月院深励『註論講苑』法蔵館復刻版、四二七頁上。

（15）一文両義の意義は往還の主体は衆生か阿弥陀如来かという問題を扱った本書第三章（初出＝『同朋仏教』第五三号、二〇一七年七月）も参照されたい。

（16）この言い方では不十分かもしれない。『論』を端的に浄土教の仏教形而上学への還元とみなせば、別に読みにくいことはない。ただし、その場合、観（毘婆舎那）は「修慧の観」ということになる。修慧の観は特別な人にしかできない（本当はだれもできないけれどできるに越したことはないものとして建てられる）ものだが、そうすると浄土教の実践性は消えて、平和と平等に役立たないものになってしまい、ひどいときにはファシズムを裏付けるものになる。一方、香月院は「一心安心上の観」（想い浮かべる観、ウィリアム・ジェイムズの「神の仮説」）というものを立てるが、これが凡夫の力強い実践「それっていいですね」の念仏になるわけである。

(17)『註』の当該箇所はつぎのごとくである。「菩薩、七地のうちにおいて大寂滅を得れば、上に諸仏の求むべきを見ず、下に衆生の度すべきを見ず。仏道を捨てて実際を証せんと欲す。その時に、もし十方諸仏の神力の加勧を得ずは、すなはち滅度して二乗と異なることなからん。菩薩もし安楽に往生して阿弥陀仏を見たてまつれば、すなはちこの難なし。このゆゑにすべからく「畢竟じて平等なり」といふべし。また次に『無量寿経』（上）のなかに、阿弥陀如来の本願（第二十二願）にのたまはく、「たとひわれ仏を得んに、他方仏土のもろもろの菩薩衆、わが国に来生せば、究竟してかならず一生補処に至らん。その本願の自在に化せんとするところありて、衆生のためのゆゑに、弘誓の鎧を被て徳本を積累し、一切を度脱し、諸仏の国に遊びて菩薩の行を修し、十方の諸仏如来を供養し、恒沙無量の衆生を開化して、無上正真の道に立せしめんをば除く。常倫諸地の行を超出し、現前に普賢の徳を修習せん。もししからずは、正覚を取らじ」と。」（浄土真宗本願寺派版『浄土真宗聖典』七祖篇一〇〇頁、通し頁は一五〇頁）

(18)同本願寺派版『聖典』、一一五頁、通し三一七頁。この一文は、『浄土論』に曰くとされているが道綽による変更が施されている。曇鸞は「初地以上の菩薩」と言っているのであって、「十方の人天」まで拡大していない。

(19)讃嘆念仏章は、『観経』の終盤で釈迦が念仏者を分陀利華と喩える箇所とそれについての善導の『疏』を引文にして、法然の解釈が述べられる章。念仏が易しい行であり、それゆえ勝れた行であることを明らかにした二章、三章を敷衍して、念仏者を分陀利華、妙好人と讃嘆する所以が述べられているところである。
(20)清澤満之「宗教的信念の必須条件」(岩波版『全集』第六巻)取意。
(21)『註論講苑』三三三頁上。法然の言葉を集めた『和語灯録』巻四、十二箇條問答第二十一の「太胡の太郎實秀か妻室のもとへつかはす御返事」(『浄土宗全書』九巻五四〇頁)にある。
(22)藤原智が紹介している恵空『浄土釈疑集』(『続真宗大系』第十一巻九二、九三頁)にこの原型が挙げられている。藤原智「真宗教学史の転轍点—相伝教学批判たる香月院深励の還相回向論—」(近現代『教行信証』研究検証プロジェクト研究紀要第二号、二〇一九年三月、親鸞仏教センター)参照。
(23)香月院深励『選択集講義』の冒頭にある「四種念仏」の説明に出てくる言葉。「いっち浅い」は普益万機の称名念仏を指し、「大乗甚深」は「菩薩心浄ければ国土浄し」を説く『維摩経』の実相念仏を指す。前注4参照。
(24)『一念多念文意』の「『観』は、願力をこころにうかべみるともうす、またしるということころなり。『遇』は、もうあうという。もうあうともうすは、本願力を信ずるなり」に依拠する。
(25)同じく深励『選択集講義』にある表現。

参考資料　『浄土論』偈文と長行の関係図（上段が偈文、下段が対応する解義〔長行〕）

偈文	解義（長行）
	無量寿修多羅章句我以偈誦総説竟 論曰　（**願偈大意**）　此願偈明何義示現観彼安楽世界見阿弥陀仏願生彼国故 （**起観生信**）云何観云何生信心　若善男子善女人修五念門行成就畢竟得生安楽国土見彼阿弥陀仏　何等五念門　一者礼拝門二者讃歎門三者作願門四者観察門五者廻向門 云何礼拝身業礼拝阿弥陀如来応正遍知為生彼国意故　云何讃歎口業讃歎称彼如来名如彼如来光明智相如彼名義欲如実修行相応故　云何作願心常作願一心専念畢竟往生安楽国土欲如実修行奢摩他故　云何観察智恵観察正念観彼欲如実修行毘婆舎那故 彼観察有三種　何等三種　一者観察彼仏国土荘厳功徳　二者観察阿弥陀仏荘厳功徳　三者観察彼諸菩薩功徳荘厳　云何廻向　不捨一切苦悩衆生心常作願廻向為首得成就大悲心故
世尊我一心｜帰命｜尽十方無礙光如来｜願生安楽国	（**自督**）（**礼拝**）（**讃嘆**）（**作願**）
我依修多羅　真実功徳相　説願偈総持　与仏教相応	（**成上起下**）
観彼世界相　勝過三界道 究竟如虚空　広大無辺際	（**観行体相**）　云何観察彼仏国土荘厳功徳彼仏国土荘厳功徳者成就不可思議力故　如彼摩尼如意宝性相似相対法故　観察彼仏国土荘厳功徳成就者有十七種　応知何等十七　一者…、二者…、 （**十七種国土荘厳**） 荘厳清浄功徳成就者、偈言「観彼世界相勝過三界道」故 荘厳無量功徳成就者、偈言「究竟如虚空広大無辺際」故 （以下、中略）

正道大慈悲　出世善根生　浄光明満足　如鏡日月輪
備諸珍宝性　具足妙荘厳　無垢光炎熾　明浄曜世間
宝性功徳草　柔軟左右旋　触者生勝楽　過迦栴隣陀
宝華千万種　弥覆池流泉　微風動華葉　交錯光乱転
宮殿諸楼閣　観十方無礙　雑樹異光色　宝蘭遍囲遶
無量宝交絡　羅網遍虚空　種種鈴発響　宣吐妙法音
雨華衣荘厳　無量香普薫　仏恵明浄日　除世痴闇冥
梵声悟深遠　微妙聞十方　正覚阿弥陀　法王善住持
如来浄華衆　正覚華化生　愛楽仏法味　禅三昧為食
永離身心悩　受楽常無間
大乗善根界　等無譏嫌名　女人及根欠　二乗種不生

衆生所願楽　一切能満足　故我願生彼　阿弥陀仏国

荘厳大義門功徳成就者、偈言「大乗善根界等無譏嫌名女人及根欠二乗種不生」故。浄土果報離二種譏嫌過応知一者体二者名体有三種一者二乗人二者女人三者諸根不具人無此三過故名離体譏嫌名亦有三種非但無三体乃至不聞二乗女人諸根不具三種名故名離名譏嫌等者平等一相故

荘厳一切所求満足功徳成就者、偈言「衆生所願楽一切能満足」故

略説彼阿弥陀仏国土十七種荘厳成就示現如来自身利益大功徳力成就利益他功徳成就故彼無量寿仏国土荘厳第一義諦妙境界相十六句及一句次第説応知

無量大宝王　微妙浄華台

相好光一尋　色像超群生
如来微妙声　梵響聞十方
同地水火風　虚空無分別

（**仏八種荘厳**）云何観仏荘厳功徳成就、観仏荘厳功徳成就者有八種。相応知。何等八種一者荘厳座功徳成就、二者…、

何者荘厳座功徳成就、偈言「無量大宝王微妙浄華台」故

（以下中略）

天人不動衆　清浄智海生 如須弥山王　勝妙無過者 天人丈夫衆　恭敬遶瞻仰 観仏本願力　遇無空過者　能令速満足　功徳大宝海	何者荘厳不虚作住持功徳成就、偈言「観仏本願力遇無空過者能令速満足功徳大宝海」故。即見彼仏未証浄心菩薩畢竟得証平等法身与浄心菩薩与上地諸菩薩畢竟同得寂滅平等故。 略説八句示現如来自利利他功徳荘厳次第成就応知。
安楽国清浄　常転無垢輪　化仏菩薩日　如須弥住持 無垢荘厳光　一念及一時　普照諸仏会　利益諸群生 雨天楽華衣　妙香等供養　讃諸仏功徳　無有分別心 何等世界無　仏法功徳宝　我願皆往生　示仏法如仏	**（菩薩八種荘厳）**　云何観察菩薩荘厳功徳成就。観察菩薩荘厳功徳成就者観彼菩薩有四種正修行功徳成就、応知。何者為四。 一者於一仏土身不動揺而遍十方種種応化如実修行常作仏事。偈言「安楽国清浄常転無垢輪化仏菩薩日如須弥住持」故。 二者彼応化身一切時不前不後一心一念放大光明悉能遍至十方世界教化衆生種種方便修行所作滅除一切衆生苦故偈言「無垢荘厳光一念及一時普照諸仏会利益諸群生」故 三者…（以下略） 四者彼於十方一切世界無三宝処住持荘厳仏法僧宝功徳大海遍示令解如実修行偈言「何等世界無仏法功徳宝我願皆往生示仏法如仏」故
我作論説偈　願見弥陀仏　普共諸衆生　往生安楽国	**（総結）** **（回向）**

浄入願心　又向説観察荘厳仏土功徳成就荘厳仏功徳成就荘厳菩薩功徳成就此三種成就願心荘厳応知略説入一法句故一法句者謂清浄句清浄句者謂真実智慧無為法身故此清浄有二種応知何等二種一者器世間清浄二者衆生世間清浄器世間清浄者如向説十七種荘厳仏土功徳成就是名器世間清浄衆生世間清浄者如向説八種荘厳仏功徳成就四種荘厳菩薩功徳成就是名衆生世間清浄如是一法句摂二種清浄義応知

善巧摂化　如是菩薩奢摩他毘婆舎那広略修行成就柔軟心如実知広略諸法如是成就巧方便廻向。何者菩薩巧方便廻向者謂説礼拝等五種修行所集一切功徳善根不求自身住持之楽欲抜一切衆生苦故作願摂取一切衆生共同生彼安楽仏国是名菩薩巧方便廻向成就

離菩提障　菩薩如是善知廻向成就即能遠離三種菩提門相違法何等三種一者依智恵門不求自楽遠離我心貪着自身故二者依慈悲門抜一切衆生苦遠離無安衆生心故三者依方便門憐愍一切衆生心遠離供養恭敬自身心故是名遠離三種菩提門相違法

順菩提門　菩薩遠離如是三種菩提門相違法得三種随順菩提門法満足故何等三種一者無染清浄心以不為自身求諸楽故二者安清浄心以抜一切衆生苦故

三者楽清浄心以令一切衆生得大菩提故以摂取衆生生彼国土故是名三種随順菩提門法満足応知

名義相対　向説智恵慈悲方便三種門摂取般若般若摂取方便応知向説遠離我心不貪着自身遠離無安衆生心遠離供養恭敬自身心此三種法遠離障菩提心応知向説無染清浄心安清浄心楽清浄心此三種心略一処成就妙楽勝真心応知

願事成就　如是菩薩智恵心方便心無障心勝真心能生清浄仏国土応知是名菩薩摩訶薩随順五種法門所作随意自在成就如向所説身業口業意業智業方便智業随順法門故

利行満足　復有五種門漸次成就五種功徳応知何者五門一者近門二者大会衆門三者宅門四者屋門五者園林遊戯地門此五種門初四種門成就入功徳第五門成就出功徳入第一門者以礼拝阿弥陀仏為生彼国故得生安楽世界是名入第一門入第二門者以讃歎阿弥陀仏随順名義称如来名依如来光明智相修行故得入大会衆数是名入第二門入第三門者以一心専念作願生彼修奢摩他寂静三昧行故得入蓮華蔵世界是名入第三門入第四門者以専念観察彼妙荘厳修毘婆舎那故得到彼所受用種種法味楽是名入第四門出第五門者以大慈悲観察一切苦悩衆生示応化身廻入生死園煩悩林中遊戯神通至教化地以本願力廻向故是名出第五門菩薩入四種門自利行成就応知菩薩出第五門廻向利益他行成就応知菩薩如是修五門行自利利他速得成就阿耨多羅三藐三菩提故五功徳門

無量寿修多羅優婆提舎願生偈略解義竟

あとがき

本書を準備し始めたころ、中島岳志『親鸞と日本主義』（新潮選書、二〇一七年）を目にした。そのなかで中島は「親鸞の思想そのもののなかに、全体主義的な日本主義と結びつきやすい構造的要因があるのではないか」という問いを提出している。本書をお読みいただいた方なら、この問いは「親鸞思想の近代的な解釈の中には」としなければならないことがお分かりいただけると思う。親鸞思想の中核は往還二回向論であり、それは、回向の主体が阿弥陀如来であるが、往相・還相という具体的な歴史および社会形成の主体はわれら凡夫であるという思想である。だから、「親鸞の思想そのもの」にはファシズムに結びつく構造的要因は見当たらないし、近代教学とつながりを持たない高木顕明は、自らを「極楽の人数」として平和と平等の社会形成の主体と任じ、日本主義なるものに結びつくことはなかった。

もっとも、中島は、親鸞思想を『歎異抄』を中心にして考察し、それを「絶対他力」を表わすものとみなしている。「絶対他力」という言葉は近代の真宗教学においてはもっともポピュラーな言葉であるが、親鸞の自身の著作や真宗伝統教学の中には見当たらない術語である。親鸞は、「他力」を、われらの主体的な往還を促し励ます「如来の本願力」と定義しており、主体性放棄の「絶対他力」などと考えてはいない。「絶対他力」がファシズムにつながることは、これまで私自身を含む多くの論者によって批判的に論じられてきたことである。

一方、『歎異抄』については、子安宣邦『歎異抄の近代』（白澤社、二〇一四年）があり、近代の親鸞解釈とはどういうものであったかを実証的かつ多面的に明らかにしている。私はこの書からもさまざまな示唆を受けた。

本書は、『極楽の人数』などの拙著と同じく白澤社の吉田朋子さんと坂本信弘さんのお世話で出版されることになったが、『歎異抄の近代』が刊行された折に同書の感想（批評）を求められたことがある。本書はこのお求めに応じる足掛かりになっているかもしれない。というのも、本書の執筆の一環として香月院の論書をいろいろ読んだ中に『歎異抄講林記』という歎異抄講義があり、そこでは「絶対他力」的解釈が随所に戒められているからである。『講林記』によって、私の歎異抄解釈もかなり変更され、それが本書でもいくらか反映されていると思う。

白澤社の編集者とのお付き合いも二十年近くに及ぶが、私自身はいたずらに齢を重ね本書が最後の著作になる可能性もある。もしつぎがあるとしたら、本書を踏まえた『歎異抄』論を書いてみたいという「希望」を糧にもう少し生きていたいと思う。

本書の執筆にあたっては、さまざまな方々のご尽力があった。とりわけ、二〇一七年の五月に「香月院深励講師二百回御遠忌法要」が深励の自坊である越前の永臨寺で営まれた際に、ご住職の香月《かづき》周明《しゅうめい》師をはじめとする関係者のみなさまのお世話になったことをこの場を借りて感謝申し上げたい。また、深励の肖像画を本書カバーに使用させていただいたことにも重ねてお礼を申し上げる次第である。香月院深励という、ほとんど忘れられかかった思想家を扱ったので、先行の研究書が見当たらない中、それでも、歴史学の領域から香月院とその周辺の活動を分析している若い学者の存在を知り、この法要にも同行できたことは大きな励みになった。もちろん、真宗学の若い研究者の中にもそれなりに香月院に目を配っている人たちはいる。これらの方々のお名前を一々挙げることは控えさせていただくが、あわせて感謝申し上げたい。

二〇二〇年初秋、コロナ禍の中で

菱木政晴

《著者紹介》

菱木政晴（ひしき　まさはる）

1950年金沢市生まれ。宗教学者、真宗大谷派僧侶、元同朋大学特任教授。長年にわたり真宗大谷派の戦争責任を追及すると同時に政教分離訴訟などの平和と人権の市民運動にも関わる。著書に、『浄土真宗の戦争責任』（岩波ブックレット）、『解放の宗教へ』（緑風出版）、『非戦と仏教——「批判原理としての浄土」からの問い』、『市民的自由の危機と宗教——改憲・靖国神社・政教分離』、『ただ念仏して——親鸞・法然からの励まし』、『極楽の人数——高木顕明『余が社会主義』を読む』（以上、白澤社）など。共著に『殉教と殉国と信仰と——死者をたたえるのは誰のためか』（白澤社）。翻訳書に、ホワイトヘッド『観念の冒険』（松嶺社）など。

平和《へいわ》と平等《びょうどう》の浄土論《じょうどろん》——真宗伝統教学再考《しんしゅうでんとうきょうがくさいこう》

2020年9月30日　第一版第一刷発行

著　者　菱木政晴
発行者　吉田朋子
発　行　有限会社 白澤社《はくたくしゃ》
〒112-0014　東京都文京区関口1-29-6　松崎ビル2F
電話 03-5155-2615／FAX03-5155-2616／E-mail：hakutaku@nifty.com
発　売　株式会社 現代書館
〒102-0072　東京都千代田区飯田橋3-2-5
電話　03-3221-1321㈹／FAX　03-3262-5906

装　幀　装丁屋KICHIBE
印　刷　モリモト印刷株式会社
用　紙　株式会社市瀬
製　本　鶴亀製本株式会社

白澤社《はくたくしゃ》 刊行図書のご案内

発行・白澤社　発売・現代書館

白澤社

白澤社の本は、全国の主要書店・オンライン書店でお求めになれます。店頭に在庫がない場合でも書店にお申し込みいただければ取り寄せることができます。

ただ念仏して
——親鸞・法然からの励まし

菱木政晴 著

定価2,000円＋税
四六判並製128頁

「ただ念仏して」（『歎異抄』）とはなにか。浄土とは何か。往生するとはどういうことか。親鸞によって完成された浄土仏教の系譜をたどり、原始仏典、大乗仏典、法然の「選択集」、親鸞の「歎異抄」や「教行信証」などから、その精髄を示す章句を選び出して、平易な現代語訳で紹介し、専修念仏の方法をあきらかにする。

極楽の人数《にんじゅ》
——高木顕明『余が社会主義』を読む

菱木政晴 著

定価1,800円＋税
四六判並製176頁

明治の思想弾圧事件「大逆事件」に連座し、死刑判決を受けた真宗僧侶・高木顕明の尋問調書に、『余が社会主義』と題された短い文書が残されていた。念仏の実践が「社会主義」であり、念仏を唱える人は「極楽の人数《にんじゅ》」であると説かれているこの文書を読み解き、非戦と平等を訴える顕明の親鸞理解のラディカルさを明らかにする。

歎異抄の近代

子安宣邦 著

定価3,400円＋税
四六判上製336頁

「私が引き受けようとしたのは、近代日本の知識人における『歎異抄』による「信」の思想体験を読み直し、辿り直すことであった」（「あとがきに代えて」より）。清沢満之から暁烏敏、倉田百三、三木清などを経て、戦後の野間宏、吉本隆明らにおける『歎異抄』の「信」の思想体験をたどる。